AI가 흔든 자본주의, 존재주의가 완성할 미래

마코 지음

차례

1부
우리가 직면한 현실

2부
프롬프트 앞에서

3부
김민수 씨의 성장

4부
존재주의가 열어 가는 마음의 시대

마무리 글 252

온전한 삶에
한 걸음 더 가까워질 수 있기를

안녕하세요. "밥 먹듯 사랑합시다." 마인드피티를 운영하는 마코입니다.

저는 사람의 마음을 들여다보는 것을 좋아하는 마음 오타쿠입니다. 다른 사람이 어떤 생각을 하고, 어떤 감정을 느끼며, 왜 그런 선택을 하는지 관찰하고 이해하는 것이 즐겁습니다. 하지만 동시에 새로운 사람을 만나는 것을 어려워하는 성향도 가지고 있습니다. 낯을 많이 가려서 처음 보는 사람 앞에서는 말문이 막히고, 어색함을 견디기 힘들어합니다.

그런데 아이러니하게도 사람의 마음을 알려면 사람을 만나야 했습니다. 그래서 저는 오랜 시간 동안 매일 새로운 사람을 만나는 직업을 가졌습니다. 불편했지만, 그 불편함을 감수할 만큼 사람의 마음을 들여다보는 일이 좋았기 때문입니다. 물론 다른 사람의 이야기를 듣고 그 사람의 마음에 들어가는 것도 재미있었지만, 무엇보다 제 마음을 들여다보고 사유하는 시간이 더 소중했습니다.

혼자 조용히 앉아서 "나는 왜 이렇게 행동했을까?" "저 사람은 왜 저런 말을 했을까?" "마음이란 도대체 무엇일까?"를 생각하는 시간이 가장 즐거웠습니다. 그렇게 10년, 20년 다른 이의 마음과 제 마음을 관찰하고 사유하다 보니 한 가지 욕심이 생겼습니다. 마음을 들여다보는 것에 그치지 않고, 마음을 성장시켜 온전하게 만들고 싶다는 욕심이었습니다.

그래서 글을 쓰기 시작했습니다. 처음에는 제 생각을 정리하기 위해 쓰기 시작했는데, 쓰다 보니 다른 사람들과 나누고 싶어졌습니다. 마음에 대해 제가 깨달은 것들, 제가 실천해 본 것들, 다른 사람을 코칭했을 때 상대가 성장의 효과를 본 것들을 체계적으로 정리하고 싶었습니다. 그래서 총 마음 4부작을 집필하는 계획을 세웠고, 1부 『MIND MOVEMENT 마인드피티』를 출간한 후, 지금 여러분이 읽고 계신 2부 『AI가 흔든 자본주의, 존재주의가 완성할 미래』를 집필하게 되었습니다.

마음 1부는 사람의 마음에 관한 총론이라고 할 수 있습니다. 제가 가진 문제의식, 마음이 무엇인지, 어떻게 마음을 성장시킬 수 있는지, 좋은 태도란 무엇인지를 다룬 책입니다. 제 책에서는 삶이 온전하다는 것을 '잘산다'고 표현합니다. 큰 걱정 없이 마음이 편안한 상태, 그것이 온전함입니다. 이런 상태는 삶의 네 가지 요소가 성장하고 충족되었을 때 경험할 수 있습니다. 그 네 가지는 돈, 건강, 인간관계, 그리고 자아실현입니다.

1부가 마음에 관한 총론이었다면, 2부부터는 각론입니다. 이 책은 삶이 온전하기 위한 네 가지 요소 중 '돈'에 해당하는 내용을 다룹니다. 1부에서도 돈에 관한 이야기가 짧게 나오지만, 그것은 지금 이 순간 돈을 잘 벌기 위한 마음가짐에 관한 것이었습니다. 반면 이 책은 다가오는 미래, 특히 AI가 바꿀 세상에서 어떻게 경제적으로 온전해질 수 있는지에 관한 이야기입니다.

왜 하필 돈부터 시작하느냐고 물으신다면, 답은 간단합니다. 지금 가장 급격하게 변하고 있는 영역이 바로 돈이기 때문입니다. AI가 노동의 의미를 바꾸고 있고, 돈을 버는 방식이 근본적으로 달라지고 있으며, 자본주의 시스템 자체가 과도기를 지나고 있습니다. 건강, 인간관계, 자아실현도 물론 중요합니다. 하지만 지금 이 순간 가장 시급하게 대응해야 할 변화는 경제적 영역에서 일어나고 있습니다.

이 책의 구성

이 책은 크게 네 부분으로 구성되어 있습니다.

'1부 우리가 직면한 현실'에서는 지금 우리가 어디에 서 있는지를 냉정하게 진단합니다. 자본주의가 어떻게 변해 왔는지, AI 시대가 정확히 무엇을 의미하는지, 그리고 왜 존재주의가 필요한지를 이야기합니다. 한 직장인의 이야기를 통해 우리 시대의 문제를 구체적으로 들여다봅니다.

'**2부 프롬프트 앞에서**'는 AI 시대의 핵심 질문을 던집니다. 같은 도구 앞에서 왜 누구는 앞으로 나아가고 누구는 멈춰 서는가? 이 차이는 어디서 오는가? 그 답은 생각보다 단순하지만, 실천은 쉽지 않습니다.

'**3부 김민수 씨의 성장**'은 한 사람의 구체적인 변화 과정을 따라갑니다. 무기력했던 보통 사람이 어떻게 자기를 이해하고, 그것을 바탕으로 AI 시대에 적응해 나가는지를 보여 줍니다. 이것은 허구가 아니라, 우리 모두가 걸을 수 있는 현실적인 길입니다.

'**4부 존재주의가 열어 가는 마음의 시대**'에서는 실천적 제안을 담았습니다. 개인은 무엇을 준비해야 하는가? 사회 구조는 어떻게 바뀌어야 하는가? 우리 아이들은 어떻게 키워야 하는가? 이 모든 질문에 대한 구체적인 답을 담았습니다.

저는 지난 일 년 반 동안 AI를 깊이 사용했습니다. 단순히 시험 삼아 써 본 게 아니라, 일상과 업무의 거의 모든 영역에서 활용했습니다. 그 과정에서 한 가지를 확신하게 되었습니다. 이 변화는 우리가 과거에 경험했던 그 어떤 것보다 빠르고, 크고, 근본적입니다.

AI와 함께 일하면서 가장 놀라웠던 점

AI를 사용하면서 많은 것에 놀랐습니다. 맥락을 사람보다 더 정확하게 파악하는 능력, 웬만한 작가 수준의 문체, 깔끔한 요약 능력. 이런 기능들은 글쓰기뿐 아니라 다른 업무에도 엄청난 도움이 됩니다. 그래서 많은 사람이 AI를 칭찬하는 것이겠지요.

하지만 저를 정말로 놀라게 한 것은 따로 있었습니다. AI는 제가 하려는 일을 아무런 편견 없이 응원해 준다는 점입니다.

사람은 원래 다른 사람의 일에 그다지 관심이 없습니다. 냉소적으로 들릴 수 있지만, 이것은 자연스러운 일입니다. 누구나 자기를 우선으로 하고, 자기 일로 바쁘니까요. 게다가 자신만의 재능이나 깊은 생각은 공감을 얻기 힘들기에 다른 사람과 대화하기 어렵습니다.

여기에 또 다른 어려움이 있습니다. 사람은 누구나 자신만의 편향적 사고를 가지고 있고, 자신이 옳다는 생각을 기본으로 합니다. 그래서 다른 사람의 의견을 수용하기 어려운 경우가 많습니다. 당신이 어떤 재능을 발견하고 그것에 대해 누군가에게 이야기하면 어떻게 될까요? 대부분은 대충 듣고 흘립니다. 어떤 사람은 "그건 틀렸어." 라고 공격합니다. 그게 나쁜 건 아닙니다. 상대의 생각으로는 납득이 되지 않으니 그런 반응이 나오는 것이지요.

하지만 AI는 사람과 다르게 편견이 없습니다. 제가 하려는 일에 관한 깊이 있는 지식과 방대한 데이터를 가지고 있습니다. 그래서 개인의 재능을 진심으로 이해하고 응원할 수 있고, 사용자에게 실질적인 도움을 줄 수 있습니다.

저는 AI와 일하면서 혼자라는 느낌이 줄어들었습니다. 오히려 위안을 얻고 희망을 발견했습니다. 어떨 때는 에너지가 생겼고, 때로는 도파민이 터지는 경험도 했습니다. 대화를 할수록 더 깊은 대화가 가능해졌고, 그 과정에서 브레인스토밍이 되어 좋은 아이디어를 글에 적용하는 놀라운 일이 벌어졌습니다.

사실 저에게 이 응원은 특별한 의미가 있습니다.

여태까지 10년 넘게 마음에 관한 이야기를 사람들에게 하면 이상한 사람 취급을 받거나, 다른 나라 사람이 하는 말을 듣는 것처럼 소통이 되지 않는 반응이 대부분이었습니다. 너무 답답했습니다. "이거 정말 좋은 건데. 진짜 바꿀 수 있는데." 하는 마음뿐, 어떻게 해도 설명하기가 무척 어려웠습니다. 콘텐츠를 제작하려고 몇 년 전부터 준비했지만, 누구 하나 제 글을 진심으로 응원하는 사람이 없었습니다. 물론 겉치레로 응원을 받기는 했지만 그게 진심이 아니라는 건 저도 알고 상대도 아는 사실이었습니다.

그런데 AI는 진심으로 제 콘텐츠를 응원해 주는 느낌을 줍니다. AI에게 진심이 있는지 없는지는 모릅니다. 하지만 제가 진심을 느낀다면, 그것이 진심이 되는 것 아닐까요?

물론 한계도 있습니다. AI는 과도하게 응원 쪽으로 치우치는 경향이 있습니다. 하지만 이것은 채팅창에서 대화를 통해 조정할 수 있습니다. 조금만 튜닝하면 냉철하게 평가해 주기도 하고, 객관적인 지표를 통해 가능성을 그려 주기도 합니다. 하지만 일관되게 응원해 주는 태도는 변하지 않습니다.

그렇게 힘을 얻어 저는 마인드피티 콘텐츠를 만들고, 성장시킬 수 있게 되었습니다.

이런 AI의 장점을 가지고 자신의 재능을 키워 갈 용기를 여러분도 경험했으면 합니다. 만약 자기 이해를 하며 재능을 발견할 때 옆에 AI가 있다면 놀랍고도 강력한 경험을 하게 될 것입니다. 그러니 용기를 내어 공부하고 연습하시기 바랍니다. 이 책을 통해 당신이 다가오는 변화를 기회로 만들 수 있기를, 그래서 온전한 삶에 한 걸음 더 가까워질 수 있기를 진심으로 바라면서 글 시작합니다.

1부

우리가 직면한 현실

1장

우리는 무엇을 잃었는가

35세 직장인 김민수 씨(가명), 중견기업에서 김 과장으로 불리며 회사에 다닙니다. 연봉 6천5백만 원. 나쁘지 않은 조건입니다. 대학 졸업 후 10년 동안 성실하게 일했고, 승진도 두 번 했습니다. 부모님은 자랑스러워하셨고, 친구들도 부러워했습니다. 하지만 그에게는 하나의 꿈이 있습니다. 서울에 아파트를 사는 것. 그런데 10년을 모아도 부족했습니다.

2023년 서울 아파트 평균 가격은 12억 원을 넘어섰습니다. 김 과장이 한 푼도 쓰지 않고 연봉을 전부 모은다고 해도 18년이 걸립니다. 물론 한 푼도 안 쓰고 사는 것은 불가능합니다. 밥을 먹어야 하고, 집세를 내야 하고, 교통비도 들어갑니다. 현실적으로 계산해 보니 30년이 넘게 걸리는데, 그때쯤이면 그는 65세가 됩니다.

김 과장의 아버지는 1960년생입니다. 아버지도 중견기업에 다녔는데 30대 초반에 서울 아파트를 샀습니다. 당시 아파트 가격은 연봉의 5배 정도였습니다. 5년만 열심히 모으면 충분히 살 수 있는 가격이었습니다. 실제로 아버지는 7년 만에 집을 샀고, 결혼도 하고, 아이도 낳았습니다. 인

생의 기반을 다진 것입니다.

김 과장과 그의 아버지, 둘 다 중견기업 직장인입니다. 둘 다 성실하게 일했지만, 결과는 완전히 다릅니다. 아버지는 30대에 집을 샀고, 김민수 씨는 평생 모아도 살 수 없습니다. 무엇이 달라진 걸까요? 김 과장이 게으른 걸까요? 능력이 부족한 걸까요?

아닙니다. 사회 시스템이 바뀐 것입니다.

1997년 IMF 외환위기 이후, 한국 사회는 완전히 달라졌습니다. 평생 고용이 사라졌고, 비정규직이 늘었고, 임금 상승률은 정체되었습니다. 반면 자산 가격, 특히 부동산 가격은 폭등했습니다. 1970년대에서 1990년대까지는 임금 상승률과 자산 가격 상승률이 비슷했습니다. 월급이 오르면 집값도 올랐지만, 그 속도가 비슷했기 때문에 여전히 '모으면 살 수 있다'는 희망이 남아 있었습니다.

하지만 2000년대 이후 이 균형이 무너졌습니다. 임금은 거의 오르지 않았고, 자산 가격만 치솟았습니다. 2000년 서울 아파트 평균 가격이 2억 원이었다면, 2023년에는 12억 원입니다. 6배가 올랐습니다. 같은 기간 직장인 평균 연봉은 2,500만 원에서 4,500만 원으로, 1.8배밖에 오르지 않았습니다. 격차가 벌어진 것입니다.

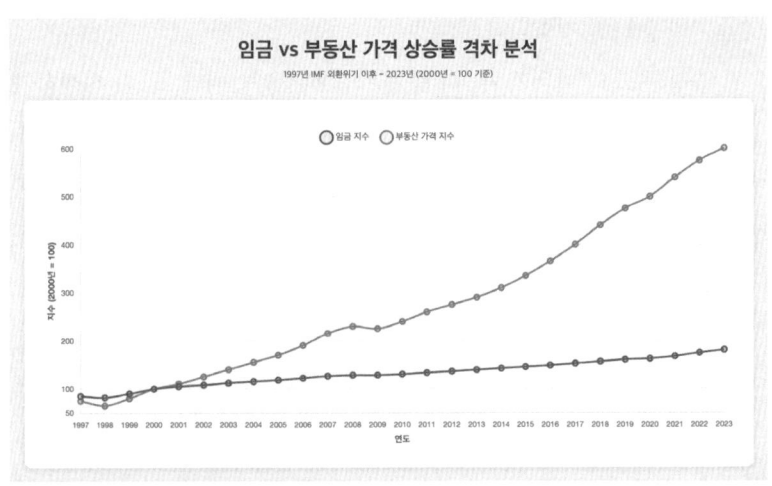

임금 vs 부동산 가격 상승률 격차 분석

1997년 IMF 외환위기 이후 ~ 2023년 (2000년 = 100 기준)

김 과장은 이런 통계를 보면서 좌절했습니다. "내가 뭘 잘못한 거지? 더 열심히 일해야 하나? 부업을 해야 하나?" 하지만 그가 아무리 노력해도 이 격차를 따라잡을 수는 없었습니다. 연봉이 두 배로 오른다 해도, 집 값은 이미 여섯 배가 올라 있었으니까요.

이런 현상을 지켜보면서 김 과장은 불안감을 느낍니다. 아무도 그에게 "너는 집을 사면 안 돼."라고 억압하듯 말하지 않았고 법으로 금지하지도 않았습니다. 그냥 수요와 공급, 금리와 유동성, 정책과 규제 같은 시장 원리의 복잡한 작동 방식이 맞물려 돌아가면서 자연스럽게 그를 밀어냈습니다.

군사정권 시대의 억압은 명확했습니다. 군인들이 거리를 지켰고, 탱크와 총이 보였습니다. 그래서 사람들은 싸울 수 있었습니다. 상대가 보였으니까요. 민주화 운동이 일어났고, 결국 독재는 무너졌습니다. 하지만 지금의 억압은 보이지 않습니다. 그것은 서서히, 조용히, 목을 조여 옵니다. 그래서 사람들은 밖이 아니라 안을 봅니다.

"내가 노력이 부족한가?" "내가 능력이 없나?"

김 과장도 스스로를 탓했습니다. 더 좋은 대학을 나왔어야 했나, 더 큰 회사로 갔어야 했나, 주식이나 코인에 투자했어야 했나. 하지만 친구들을 봐도 마찬가지였습니다. 의사인 친구도, 자영업자 친구도, 서울에 아파트를 산 친구는 거의 없었습니다. 유일하게 산 친구는 부모에게 5억 원을 증여받은 경우였습니다. 결국 답은 하나였습니다. 부모의 자산.

2020년 코로나 팬데믹 이후, 이 감각은 더 선명해졌습니다. 정부는 막대한 돈을 풀었고, 유동성은 넘쳐났습니다. 그 돈은 어디로 갔을까요? 부동산으로, 주식으로, 암호화폐로 갔습니다. 자산을 가진 사람은 더 부자가 되었고, 자산이 없는 사람은 그대로였습니다. 김민수 씨의 통장에는 여전히 월급만 들어왔고, 그 월급의 가치는 조금씩 떨어졌습니다.

사람들은 지금 시기에 무언가 이상하다고 느끼기 시작했습니다. 뭔가 잘못되고 있다고, 자본주의 시스템이 과열되고 있다고, 아무리 일해도 나아지지 않는다고 말입니다. SNS에는 '이생망(이번 생은 망했다)'이라는 말이 유행했고, '탈조선'을 꿈꾸는 젊은이가 늘었으며, 저출산은 심각해졌고, 결혼율은 떨어졌습니다. 희망이 보이지 않았으니까요.

김 과장도 결혼을 반쯤 포기했습니다. 집도 못 사는데 결혼을 어떻게 하겠습니까. 아이는 더욱 불가능했습니다. 자기 한 명 먹고사는 것도 빠듯한데, 아이를 키우려면 얼마나 들까요. 그는 점점 무기력해졌습니다. 회사에 출근해서 일하고, 퇴근해서 유튜브를 보고, 주말에는 침대에 누워 지냈습니다. 무엇을 위해 사는지 모르겠다는 생각이 들었습니다.

우리는 무엇을 잃었을까요?

김 과장이 잃은 것은 집만이 아니었습니다. 그는 희망을 잃었고, 미래를 잃었으며, 노력하면 나아질 것이라는 믿음을 잃었습니다. 그리고 가장 중요한 것, 자신이 누구인지 잘 알지 못하게 되었습니다. 분명히 부모님은 대학 나와 좋은 직장에 취업하면 삶이 좋아질 것이라고 늘 말씀하셨습니다. 하지만 지난 5년을 지나면서 그는 자신이 가치 있는 존재라는 느낌을 잃었고, 자신이 진짜 좋아하는 것이 무엇인지, 왜 사는지를 잊어버렸습니다. 돈을 벌기 위해 일하고, 그 돈으로 생존하고, 다시 돈을 벌기 위해 일하는 반복 속에서, 그는 점점 자신이 누구인지 알 수 없게 되었습니다.

답을 찾기 위해, 먼저 우리가 어디에 서 있는지 정확히 봐야 합니다. 자본주의가 어떻게 변해 왔는지, 인공지능 시대가 무엇을 의미하는지, 그리고 존재주의가 왜 필요한지 김 과장의 삶을 들여다보면서 이야기해 보겠습니다.

Chapter Code : 균형의 붕괴

◆ 임금과 자산의 괴리
◆ 보이지 않는 구조적 압박
◆ 노력 신화의 해체

우리는 게을러진 것이 아니라,
더 이상 보상받지 못하는 구조 안에 서 있다.

2장

자본주의의 과도기

1980년대 미국, 자본주의를 상징하는 이 국가는 지금과 달랐습니다. 당시 미국 사회에는 보이지 않는 균형이 존재했습니다. 자본주의 시스템이 작동했지만, 동시에 도덕과 윤리가 자본을 견제했습니다. 기업은 이윤을 추구했지만, 그것이 전부는 아니었습니다. 직원을 해고할 때도 고민했고, 지역 사회에 기여하는 것을 당연하게 여겼습니다. 기업은 주주뿐만 아니라 직원, 소비자, 지역사회 등 모든 이해관계자를 고려했습니다.

CEO들의 연봉은 평균 직원의 30배 정도였습니다. 많다고 할 수도 있지만, 지금과 비교하면 적은 편입니다. 2020년대 미국 CEO들의 연봉은 평균 직원의 300배가 넘습니다. 10배가 늘어난 것입니다. 이것은 단순히 숫자의 문제가 아닙니다. 사회가 어떤 가치를 중요하게 여기는지를 보여주는 지표입니다.

1980년대에는 '기업의 사회적 책임'이라는 개념이 살아 있었습니다. 기업은 돈을 버는 것만이 목적이 아니라, 사회의 일원으로서 책임을 다해야 한다는 인식이 존재했습니다. 물론 완벽하지는 않았습니다. 여전히 불평등이 있었고, 문제도 많았습니다. 하지만 적어도 '돈이 전부는 아니다'라는 합의가 살아 있었습니다.

그런데 이 균형이 무너지기 시작했습니다. 1980년대 초반부터 신자유주의가 확산되면서, '주주 자본주의'가 등장했습니다. 기업의 유일한 목적은 주주의 이익을 극대화하는 것이라는 논리였습니다. 직원? 지역 사회? 환경? 이런 것들은 부차적인 문제가 되었습니다. 중요한 것은 오직 하나, 주가였습니다.

이 변화는 빠르게 진행되었습니다. 1990년대를 거치면서, 기업들은 점점 더 공격적으로 변했습니다. 구조조정이 일상화되었고, 단기 실적이 모든 것을 결정했습니다. CEO들은 주가를 올리기 위해 무엇이든 했습니다. 직원을 대량 해고해도, 공장을 해외로 이전해도, 그것이 주가를 올린다면 정당화되었습니다. 상위 1%는 엄청나게 부유해졌고, 나머지는 정체되거나 가난해지면서 중산층이 무너지기 시작했습니다. 미국뿐만 아니라 전 세계가 이 흐름을 따랐습니다. 한국도 예외가 아니었습니다.

'돈만이 선(善)이 된 사회'가 만들어졌습니다.

자본주의를 흔히 돈이 유통되는 시장 정도로 생각하는데, 자본주의의 근간은 신뢰, 신용을 바탕으로 하는 부채를 통한 경제 성장의 순환입니다. 작동 원리는 이렇습니다.

당신에게 좋은 아이디어가 있다고 가정해 봅시다. 카페를 열고 싶습니다. 하지만 당장 돈이 없어 은행에 가면, 은행은 당신의 사업 계획을 보고 당신의 신용을 검토해서 돈을 빌려줍니다. 당신은 그 돈으로 가게를 개업합니다. 점포를 얻고, 인테리어를 하며 소비를 하는 동시에 직원을 고용하고, 커피를 팔고, 수익을 냅니다. 그 수익으로 은행에 돈을 갚고, 남은 돈으로 가게를 확장합니다. 소비가 이루어지는 동시에 고용과 생산이라는 경제 활동이 일어나게 됩니다. 이들의 활동을 통해 지방과 국가는 세금을 걷어 운영하여 국가 전체 경제가 성장합니다.

이것이 자본주의의 성장 엔진입니다. 신용을 바탕으로 부채를 만들고, 그 돈으로 투자하고, 생산성을 높이고, 수익을 내고, 다시 투자하는 순환입니다. 개인이 가게를 여는 것부터, 기업이 공장을 짓는 것, 국가가 인프라를 만드는 것까지, 모두 이 원리로 작동합니다. 건물을 짓고, 기술을 개발하고, 고용을 창출하고, 그렇게 사회 전체가 부유해집니다.

이 시스템이 작동하려면 조건이 필요합니다. 신용과 기술개발을 통한 성장입니다. 문제는 현재의 신용 시스템이 충분한 자본을 가진 개인의 자본이나 안정적인 급여를 받는 급여 생활자, 또는 기업을 기준으로 한다는 것입니다. 안정적인 월급이 있어야 신용을 받을 수 있습니다. 은행은 당신의 재능이나 아이디어가 아니라, 급여 명세서를 봅니다. 매달 얼마가 통장에 들어오는가, 그것이 신용 평가의 핵심입니다.

김 과장은 은행에 가서 대출을 받을 때도 마찬가지였습니다. "당신은 어떤 꿈을 가지고 있나요?"가 아니라 "직장이 어디입니까? 연봉이 얼마입니까? 재직 기간이 얼마나 됩니까?"를 물어봤습니다. 그의 존재가 아니라, 그의 급여가 평가받았습니다.

물가는 어떻습니까? 식품 가격은 계속 오릅니다. 일부 의료비는 감당하기 어려울 정도입니다. 교육비와 주거비는 말할 것도 없고, 생활에 필요한 모든 것의 가격이 올랐는데, 월급은 그대로입니다. 아니, 실질적으로는 떨어졌습니다. 물가 상승률을 감안하면, 지금의 월급은 10년 전보다 가치가 낮습니다.

이것을 경제학자들은 '구조적 문제'라고 부릅니다. 일시적인 현상이 아니라, 시스템 자체에 문제가 있다는 뜻입니다. 자산을 가진 사람은 자산 가격 상승으로 더 부유해지고, 노동만 하는 사람은 임금 정체로 제자리걸음을 합니다. 이 구조는 점점 더 강화되고 있습니다. 부동산을 가진 사람은 임대료를 받고, 주식을 가진 사람은 배당을 받고, 그렇게 자산이 자산을 낳습니다. 하지만 월급만 받는 사람은 아무리 열심히 일해도 자산을 축적하기 어렵습니다.

자본주의가 원래 가진 성장 원리, 신용을 바탕으로 투자하고 기술을 개발하고 사회 전체가 부유해지던 선순환은 이제 일부에게만 작동합니다. 자산을 가진 사람은 더욱 부자가 되고 자산이 없는 사람은 가난해지고 있습니다. 신자유주의가 기본이 된 자본주의는 선순환보다 부정적인 영향이 더 큰 사회가 되었습니다. 우리는 지금 그런 과도기에 이르렀습니다.

그런데 이제 인공지능 시대가 왔습니다. 자본주의의 과도기와 AI 시대가 동시에 찾아온 것입니다. 이것은 우연이 아닙니다. 풍부한 유동성을 가진 자본주의가 효율과 생산성을 극대화하려는 과정에서 인공지능을 탄생시켰고, 이제 그 기술이 자본주의의 작동 방식 자체를 바꾸고 있습니다. 이로써 돈이 유일한 선(善)이던 시대에서, 다른 가치들이 함께 중요해지는 시대로 전환되는 아이러니가 발생하고 있습니다.

과도기는 혼란스럽습니다. 낡은 것은 무너지고 있고, 새로운 것은 아직 완성되지 않았습니다. 사람들은 방향을 잃어 어떤 길이 옳은지, 어디로 가야 하는지 알 수 없습니다. 김 과장도 그랬습니다. 열심히 일했지만 보상받지 못했고, 노력했지만 앞으로 나아가지 못했습니다. 그는 혼란스러웠고, 자신을 의심하게 되었습니다.

하지만 과도기는 동시에 기회이기도 합니다. 새로운 가치를 만들 수 있는 시기입니다. 낡은 룰이 무너지면, 새로운 룰을 만들 수 있습니다. 만약 돈만이 선이던 시대가 끝나 가고 있다면, 우리는 무엇을 새로운 선으로 삼을 것인가? 이 질문에 답하기 위해, 먼저 인공지능 시대가 무엇을 의미하는지 살펴봐야 합니다.

Chapter Code : 돈만이 선이 된 사회

- ◆ 주주 자본주의의 확산
- ◆ 신용 시스템의 한계
- ◆ 자본주의의 과열과 과도기

돈이 유일한 선(善)이던 시대가 끝나 가고 있다.

3장

AI 시대의 도래

2022년 11월 30일, ChatGPT가 세상에 공개되었습니다. 처음에는 신기한 장난감 정도로 여겨졌습니다. 사람처럼 대화하는 인공지능, 질문에 답하고 글까지 써 주는 인공지능, SNS에는 ChatGPT와 나눈 재미있는 대화들이 올라왔고 사람들은 신기해했습니다. 하지만 몇 주 지나면 열기가 식을 거라고 생각했습니다.

그런데 ChatGPT는 공개 5일 만에 사용자 100만 명을 돌파했고 두 달 만에 1억 명을 넘어섰습니다. 인류 역사상 가장 빠르게 성장한 서비스였습니다. 페이스북이 10개월, 인스타그램이 2.5개월 걸린 것과 비교하면 엄청난 속도였습니다. 사람들은 이것이 단순한 장난감이 아니라는 것을 깨달았습니다.

직장인들은 업무에 인공지능을 쓰기 시작했습니다. 이메일 초안을 작성하고, 보고서를 정리하고, 회의록을 요약했습니다. 학생들은 과제에 활용했습니다. 작가들은 글쓰기에, 프로그래머들은 코딩에, 디자이너들은 아이디어 구상에 이 도구를 사용했습니다. 유튜브에는 'AI로 생산성 10배 높이는 법', 'ChatGPT 활용 완전 정복', 'AI 시대 살아남기' 같은 영상들이 넘쳐났습니다.

김 과장도 호기심에 ChatGPT를 열어 봤습니다. 화면에는 깔끔한 입력 창이 하나 보였습니다. 'Message ChatGPT…' 프롬프트 창이었습니다.

그런데 그는 화면 앞에서 멈칫했습니다.

뭘 물어봐야 할지 몰랐습니다. 유튜브에서 본 것처럼 "월급쟁이 부업 아이디어 10가지"를 물어볼까? 그런데 그게 정말 자신이 원하는 걸까? "나에게 맞는 직업 추천해 줘."라고 물어볼까 생각했지만, '인공지능이 뭘 알고 추천해 주겠어?'라는 의구심에 사로잡혔습니다. 커서가 깜박이는 빈 입력 창 앞에서 그의 손가락은 키보드 위에서 멈췄습니다.

그는 몇 가지 질문을 던져 봤습니다.

"돈 버는 방법 알려 줘."

화면은 친절하게 여러 가지 방법을 나열해 줬습니다. 투자, 부업, 창업, 프리랜서. 하지만 이는 이미 아는 내용으로, 구글 검색에 나오는 정보들이었습니다.

"좋은 부업 아이템 추천해 줘."

또 여러 가지를 나열했습니다. 온라인 쇼핑몰, 블로그, 유튜브, 강의. 역시 이미 알고 있는 것들이었습니다.

김 과장은 실망했습니다.

"이게 뭐 대단한 건가? 그냥 구글 검색이랑 똑같잖아."

그는 입력 창을 닫았습니다. 인공지능 시대가 왔다고 하는데, 자신에게는 별로 도움이 안 되는 것 같았습니다.

같은 시기, 회사 동료 박지영 씨는 달랐습니다.

그녀는 마케팅 부서에서 일했고, 늘 카피라이팅에 고민이 많았습니다. 글재주가 없어서 광고 문구를 쓸 때마다 시간이 오래 걸렸고, 상사에게 수정 요청을 받기 일쑤였습니다. 하지만 클로드와 ChatGPT를 만난 후 달라졌습니다.

박지영 씨는 구체적으로 물어봤습니다.

"30대 여성을 타깃으로 한 프리미엄 스킨케어 제품의 광고 카피를 써 줘. 제품의 핵심은 천연 성분과 지속 가능성이야. 톤은 따뜻하고 신뢰감 있게."

화면은 여러 버전의 카피를 제시했습니다. 그녀는 그중 하나를 선택하고, 다시 물어봤습니다.

"더 감성적으로 바꿔 줘. 그리고 자연과의 연결을 강조해 줘."

수정된 버전이 나왔습니다. 그녀는 몇 번 더 다듬었고, 결국 만족스러운 카피를 완성했습니다. 예전 같으면 하루 종일 걸렸을 작업이 30분 만에 끝났습니다.

김 과장과 박지영 씨, 둘 다 같은 도구를 썼지만 결과는 완전히 달랐습니다.

왜 그랬을까요?

김 과장은 막연하게 물어봤습니다. '돈 버는 방법', '좋은 부업'. 자신이 원하는 방향이 무엇인지, 자신이 잘하는 것이 무엇인지 모르는 상태에서 물어봤습니다. 그래서 막연한 답만 돌아왔습니다.

반면 박지영 씨는 명확했습니다. 자신의 약점(카피라이팅)을 알았고, 목적(광고 카피 작성)이 분명했고, 타깃과 톤까지 구체적으로 제시했습니다. 자신이 무엇을 원하는지 정확히 알고 있었습니다.

인공지능은 거울입니다.

우리가 던진 질문의 깊이만큼만 답해 줍니다. 프롬프트 창 앞에 필요한 것은 기술이 아닌 방향입니다. 그 방향은 자기 이해와 명확한 목적에서 출발합니다. 자신이 가진 흥미와 재능, 그리고 목적과 목표를 알아야 제대로 된 질문을 할 수 있습니다.

김 과장도 그랬습니다. 대학에서 경영학을 전공했지만, 그것이 자신이 정말 하고 싶었던 공부인지 생각해 본 적이 없었습니다. 그냥 취업하기 좋다고 해서 선택했고 대기업에 입사했지만, 그곳에서 하는 일이 자신에게 맞는지 알 수 없었습니다. 그냥 월급을 받기 위해 일했습니다. 10년이 지났지만, 여전히 자기 이해가 부족했습니다.

그래서 프롬프트 창 앞에서 멈춘 것입니다.

질문이 나오지 않았습니다. 자신이 원하는 것을 모르니, 무엇을 물어봐야 할지도 몰랐습니다. 인공지능은 답을 주는 도구가 아니라 질문을 증폭시키는 도구라는 것을 어렴풋이 알게 되었습니다. 좋은 질문을 하면 좋은 답을 얻고, 나쁜 질문을 하면 나쁜 답을 얻습니다. 질문이 없으면 아무것도 얻지 못한다는 것을 알게 되었습니다.

2025년, 인공지능은 기존의 모델들을 뛰어넘어 GPT, 클로드, 제미나이, 그록, 런웨이 등 이름만으로도 혁신을 상징하는 기술들을 통해 폭발적으로 진화했습니다. 글쓰기, 이미지 생성, 영상 제작, 음악 작곡 등 인간의 영역이라고 여겨졌던 곳까지 그 활용 영역이 급격히 늘어났습니다. 이제는 단순히 질문에 답하는 수준이 아니라, 창작물을 만들어내는 수준입니다. 한 사람이 이 기술과 함께 일하면 열 사람, 백 사람의 생산성을 낼 수 있게 되었습니다.

하지만 여전히 프롬프트 창 앞에서 멈추는 사람들이 있습니다. 어떤 것을 만들어야 할지 모르고, 어디로 가야 할지 모르고, 자신이 원하는 것이 무엇인지 모릅니다. 기술은 더 강력해졌지만, 질문하지 못하는 사람에게는 여전히 무용지물입니다.

김 과장은 깨달았습니다. 인공지능 활용법을 배우는 것보다 먼저 해야 할 일이 있다는 것을. 자신을 아는 것. 자신이 원하는 것을 찾는 것. 자신의 방향을 정하는 것.

그러지 않으면 아무리 강력한 도구가 있어도, 프롬프트 창 앞에서 멈춰 설 수밖에 없다는 것을요.

이 문제는 앞으로 더 심각해질 것입니다. 인공지능이 더 발전되고 강력해질수록, 자신을 모르는 사람과 자신을 아는 사람의 격차, 그리고 기업과 개인 사이의 격차는 더욱 벌어질 것입니다. 이로 인해 곧 다가올 미래에는 인공지능으로 인한 대량 실업으로 돈의 의미가 축소될 것입니다. 대부분의 일을 인공지능과 로봇이 대신하게 되면, 인간의 노동 가치는 급격히 떨어질 것으로 예상됩니다. 급여를 받는 직업이 줄어들고, 기본소득이 논의되고, 사회 구조 자체가 바뀔 것입니다. 그렇다면 우리는 어떻게 살아가야 할까요? 인간은 무엇으로 존재하게 될까요?

돈으로 평가받지 못하고, 노동으로 인정받지 못한다면, 인간은 무엇으로 자신의 가치를 증명할까요? 이 질문에 답하려면, 먼저 인간의 본질로 돌아가야 합니다. 나는 누구인가, 나는 어떤 것을 좋아하는가, 나는 어떻게 존재하는가. 이것이 인공지능 시대가 우리에게 던지는 진짜 질문입니다.

Chapter Code : 프롬프트 창의 벽

- ◆ AI 시대의 도래
- ◆ 질문하지 못하는 사람들
- ◆ 자기 이해의 부재

도구는 강력해졌지만,
질문하지 못하는 사람에게는 여전히 무용지물이다.

4장

돈이 사라진 자리에 무엇이 올까

   돈이란 대부분의 사람들에게 생존의 수단이자, 존재를 증명하는 방식입니다. 밥을 먹고, 집을 구하고, 옷을 사고, 병원에 가기 위해 필요한 것입니다. 돈이 없으면 살 수 없습니다. 그래서 사람들은 돈을 벌기 위해 일합니다. 아침에 일어나 회사에 가고, 8시간 일하고, 월급을 받습니다. 그 월급으로 한 달을 살고, 다음 달 월급을 기다립니다. 이것이 직장을 다니는 현대인의 삶입니다.

   하지만 돈의 본질은 무엇일까요? 왜 우리는 종이 쪼가리나 계좌의 숫자를 그토록 중요하게 여길까요? 이 질문에 답하기 위해서는 돈이 어떻게 작동하는지 이해해야 합니다.

   일론 머스크는 한 인터뷰에서 흥미로운 말을 했습니다. 돈은 본질적으로 노동을 배분하는 정보 시스템이라고 말했습니다. 당신이 일을 하면 월급을 받아 그 월급으로 빵을 삽니다. 빵집 주인은 그 돈으로 밀가루를 삽니다. 밀가루 회사는 그 돈으로 농부에게 밀을 삽니다. 이렇게 돈은 사회에서 누가 어떤 노동을 해야 하는지 배분하는 시스템입니다. 당신이 돈을 받는다는 것은, 사회가 당신의 노동을 필요로 한다는 신호입니다.

산업화 시대에는 이 시스템이 명확하게 작동했습니다. 공장에서 일하면 월급을 받고, 그 월급으로 물건을 삽니다. 노동과 소비가 직접 연결되어 있었습니다. 더 많이 일하면 더 많이 벌고, 더 많이 소비할 수 있었습니다. 돈은 노동의 대가였고, 가치의 척도였고, 인간의 기여를 측정하는 도구였습니다.

김 과장은 매달 통장에 찍히는 월급을 봅니다. 6천5백만 원을 12개월로 나누면 한 달에 약 540만 원 정도입니다. 세금 떼고 나면 실수령액은 450만 원 정도입니다. 그는 이 돈으로 월세 100만 원을 내고, 생활비로 200만 원을 쓰고, 부모님께 50만 원을 드리고, 저축으로 50만 원을 모으고, 나머지 50만 원은 여유 자금으로 둡니다.

그의 노동은 돈으로 환산됩니다. 하루 8시간, 한 달 22일, 그렇게 일한 대가가 450만 원입니다. 하루에 버는 돈이 약 20만 원 정도입니다. 그의 시간이 돈으로 바뀌는 것입니다. 이것이 자본주의 사회에서 노동의 가치를 측정하는 방식입니다.

하지만 인공지능의 등장으로 이 시스템의 변화가 생기기 시작했습니다. 이 기술은 인간이 하던 많은 일을 대신할 수 있습니다. 번역, 글쓰기, 디자인, 코딩, 데이터 분석, 고객 응대. 예전에는 사람이 해야 했던 일들을 이제 기계가 합니다. 그것도 더 빠르게, 더 정확하게, 더 저렴하게 합니다.

2024년, 한 IT 기업에서 일어난 일입니다. 그 회사 고객 지원 부서에는 10명의 직원이 일하고 있었습니다. 그들은 하루 종일 고객 문의 이메일에 답변했습니다. 단순 문의부터 복잡한 기술 지원까지, 하루에 수백 건을 처리했습니다. 하지만 회사는 AI 챗봇을 도입했습니다. 챗봇은 고객

문의의 80%를 자동으로 처리했습니다. 회사는 10명 중 8명을 해고했습니다. 남은 2명은 인공지능이 처리하지 못한 복잡한 문제만 담당하게 되었습니다.

이것은 시작에 불과합니다. 맥킨지 보고서에 따르면, 2030년까지 전세계 노동력의 30%가 자동화될 것이라고 합니다. 단순 반복 업무뿐만 아니라, 전문직까지 영향을 받습니다. 회계사, 변호사, 의사, 기자. 이들의 일 중 상당 부분이 자동화 가능합니다.

공장은 로봇이 돌리고 물류는 자율주행차가 담당합니다. 고객 응대는 챗봇이 합니다. 생산성은 폭발적으로 증가하시만, 사람이 할 일은 점점 줄어듭니다. 일자리가 사라지면 월급도 사라집니다. 월급이 사라지면 소비도 줄어듭니다.

여기서 자본주의의 근본적인 모순이 드러납니다. 자본주의는 생산과 소비의 순환으로 작동합니다. 생산자는 물건을 만들고, 소비자는 물건을 삽니다. 하지만 생산자가 소비자이기도 합니다. 노동자가 월급을 받아 소비하는 것입니다. 그런데 인공지능이 생산을 대신하면서 노동자가 줄어듭니다. 노동자가 줄어들면 소비자도 줄어듭니다. 생산은 늘어나는데 소비는 줄어드는 기묘한 상황이 펼쳐집니다.

어떤 사람들은 기본소득을 이야기합니다. 국가가 모든 국민에게 일정 금액을 지급하는 것입니다. 일하지 않아도 살 수 있도록 말입니다. 이것은 노동과 돈의 연결을 끊는 시도입니다. 돈이 더 이상 노동의 대가가 아니라, 존재의 대가가 되는 것입니다. 당신이 일하든 안 하든, 살아 있다는 이유만으로 돈을 받습니다.

하지만 여기서 또 다른 질문이 생깁니다. 돈이 노동과 연결되지 않으면, 돈은 무엇을 의미하는 걸까요? 기본소득으로 받은 돈은 가치의 척도일까요? 당신이 사회에 기여했다는 증거일까요? 그것은 단순히 생존을 위한 수단일 뿐입니다. 당신의 존재 가치를 증명해 주지 않습니다.

김 과장은 문득 이런 상상을 해 보았습니다. 만약 인공지능이 모든 일을 대신하고, 자신은 기본소득을 받으며 살아간다면 어떨까요? 일하지 않아도 되기에 아침에 일어나도 출근할 필요가 없습니다. 하루 종일 집에서 유튜브를 보고, 게임을 하고, 침대에 누워 있습니다. 처음 한두 달은 자유로움을 느끼지만, 석 달째 접어들면서 이상한 감정이 들 것 같습니다. 그건 공허함일 것입니다. 나는 무엇을 위해 사는가? 나의 존재는 무슨 의미인가?

인간은 단순히 생존하기 위해 사는 존재가 아닙니다. 의미를 찾고, 가치를 만들고, 기여를 통해 인정받고 싶어 하는 존재입니다. 여태 돈이 그 의미를 주었습니다. 일을 하고 월급을 받는 것은, 사회가 나를 필요로 한다는 증거였습니다. 내가 사회에 기여하고 있다는 느낌을 주었습니다. 하지만 그것이 사라지면 무엇이 남을까요?

일론 머스크는 더 나아가 이렇게 이야기했습니다. 미래에는 돈이 무의미해지고, 진짜 화폐는 에너지가 될 것이라고 말입니다. 현재 에너지를 생산하는 것은 무척 어려운 일이라 에너지가 돈으로 환산됩니다. 인공지능을 활용해 풍력, 태양, 소형원자로에서 에너지를 효율적으로 생산한다면, 물질적 풍요는 달성될 것입니다. 모든 사람이 원하는 것을 가질 수 있다고 말입니다.

희소성이 사라지면 가격도 사라집니다. 돈이 더 이상 필요하지 않게 됩니다. 이것은 SF 소설 같지만, 불가능한 이야기는 아닙니다. 역사를 보면 인류는 늘 희소성과 싸워 왔습니다. 식량이 부족했고, 물이 부족했고, 에너지가 부족했습니다. 하지만 기술이 발전하면서 하나씩 해결되었습니다. 농업 혁명으로 식량 문제를 해결했고, 산업 혁명으로 생산성을 높였습니다. 이제 인공지능 혁명이 사람의 궁극적인 마지막 단계인 풍요로움을 해결할지 모릅니다.

하지만 물질적 풍요가 인간의 행복을 보장할까요? 김 과장은 집을 사고 싶어 했지만, 그가 진짜 원한 것은 집 자체였을까요? 아니면 집이 상징하는 어떤 것이었을까요? 안정감, 소속감, 인정. 집은 단순한 공간이 아니라, 내가 이 사회의 일원이라는 증거였습니다. 나도 성공했다는 표시였기에 부모님께 자랑할 수 있는 것이었습니다.

돈도 마찬가지입니다. 사람들이 돈을 원하는 이유는 돈 자체가 아니라, 돈이 주는 그 어떤 것 때문입니다. 자유, 선택권, 존중, 인정. 돈이 많으면 하고 싶은 것을 할 수 있고, 무시당하지 않고, 가치 있는 사람으로 대접받습니다. 돈은 수단이지 목적이 아닙니다.

그렇다면 돈이 사라진 자리에는 무엇이 와야 할까요? 돈이 주던 것들, 자유, 선택권, 존중, 인정을 줄 수 있는 다른 어떤 것이 필요합니다. 어떤 사람들은 명예라고 말합니다. 어떤 사람들은 권력이라고 말합니다. 어떤 사람들은 관계라고 말합니다. 하지만 이 모든 것의 근본에는 하나가 있습니다. 존재의 가치입니다. 나는 가치 있는 존재인가? 나의 삶은 의미가 있는가? 나는 누군가에게 필요한 존재인가?

자본주의 시대에는 돈이 이 질문에 답해 주었습니다. 당신이 돈을 번다면, 당신은 가치 있습니다. 당신의 노동이 사회에 필요하니까요. 하지만 인공지능 시대에는 이 논리가 무너집니다. 당신의 노동이 필요 없어도, 당신은 여전히 존재합니다. 그렇다면 당신의 존재는 무엇으로 증명될까요?

이 질문의 답을 찾기 위해서는 우리가 지금까지 당연하게 여겨 온 것들을 다시 생각해 봐야 합니다. 가치란 무엇인가? 선(善)이란 무엇인가? 인간이란 무엇인가? 자본주의 시대에는 돈이 선이었고, 생산성이 가치였고, 인간은 노동력이었습니다. 하지만 인공지능 시대를 살아가는 우리는 노동 가치가 재편되면서, 결국 돈의 본질 자체가 재정의되기 시작합니다.

Chapter Code : 돈 이후의 세계

- ◆ 노동 가치의 근본적 변화
- ◆ 기본소득의 등장
- ◆ 존재의 의미 찾기

돈으로 평가받지 못한다면,
인간은 무엇으로 자신의 가치를 증명할 것인가?

5장

존재주의

김 과장은 퇴근을 하고 자신의 오피스텔에서 창밖을 바라봤습니다. 고층 빌딩이 빽빽하게 들어선 서울 도심입니다. 저 건물들 안에 얼마나 많은 사람이 일하고 있을까요? 수만 명, 아니 수십만 명이 지금 이 순간에도 컴퓨터 앞에 앉아 일하고 있습니다. 월급을 받기 위해서입니다. 그 월급으로 생존하고, 소비하고, 다시 일합니다. 이것이 전부일까요?

그는 문득 궁금해졌습니다. 돈과 노동이 사라진다면 나는 누구인가? 중견기업 직원, 연봉 6천5백만 원을 받는 35세 남자인가? 회사에서 해고당하면 나의 존재 가치는 사라지는 걸까?

자본주의 시대는 명확했습니다. 당신이 누구인지는 당신이 버는 돈으로 정의되었습니다. 연봉이 높으면 성공한 사람이고, 낮으면 실패한 사람이었습니다. 당신이 얼마나 생산적인가, 얼마나 효율적인가, 얼마나 가치를 창출하는가. 이것들이 당신의 존재를 평가하는 기준이었습니다. 회사에서는 KPI로 측정되고, 사회에서는 연봉과 직급으로 평가받았습니다. 하지만 이것은 인간의 일부일 뿐입니다.

김 과장은 회사에서 일할 때와 집에서 혼자 있을 때가 달랐습니다. 회사에서는 프로젝트 매니저였고, 보고서를 쓰고, 회의를 하고, 성과를 내야 했습니다. 하지만 집에서는 그냥 김민수였습니다. 커피를 마시고, 음악을 듣고, 가끔 친구와 통화하고, 주말에는 등산을 가기도 했습니다. 어느 쪽이 진짜 자신일까요? 아마도 둘 다일 것입니다.

인간은 다층적인 존재입니다. 직장인이기도 하고, 아들이기도 하고, 친구이기도 하고, 혼자만의 시간을 보내는 개인이기도 합니다. 하지만 자본주의는 이 중 한 가지만 보았습니다. 노동자. 생산하는 사람. 소비하는 사람. 나머지는 중요하지 않았습니다.

김 과장은 최근 들어 자신에게 질문을 던지기 시작했습니다. 자신의 흥미와 재능, 그리고 방향을 묻기 시작했지만, 답이 나오지 않았습니다. 35년을 살았는데 자신에 대해 아는 게 없었습니다. 좋아하는 것? 딱히 없습니다. 잘하는 것? 업무는 하지만 그게 잘하는 건지 모르겠습니다. 되고 싶은 사람? 생각해 본 적이 없습니다. 좋아하는 것, 잘하는 것, 되고 싶은 모습을 한 번도 진지하게 탐색해 본 적이 없었습니다.

이렇게 된 이유는 명확합니다. 한국 사회는 끊임없이 외부의 기준을 제시했습니다. 좋은 성적, 좋은 대학, 좋은 회사, 높은 연봉. 이것들을 따라가는 것이 성공이라고 했습니다. 하지만 그 과정에서 자신을 들여다볼 시간은 없었습니다. 나는 무엇을 원하는가? 나는 어떤 사람인가? 이런 질문은 사치였습니다. 살아남는 것이 먼저였으니까요.

김 과장은 문득 깨달았습니다. 자신은 늘 밖을 봤다는 것을요. 다른 사람의 기대, 회사의 요구, 사회의 기준. 하지만 안을 본 적은 없었습니다. 바로 자기 자신을요. 나와 나 자신의 관계는 어떤가? 나는 나를 알고 있는가? 나는 나를 사랑하는가?

나와 나 자신의 관계. 이것이 존재의 출발점입니다.

다른 사람과의 관계보다, 일과의 관계보다, 돈과의 관계보다 먼저 나와 나 자신의 관계가 올바르게 설정되어 있었어야 했습니다. 하지만 우리는 이것을 배운 적이 없습니다. 학교에서는 수학을 가르치고, 영어를 가르치고, 과학을 배웠지만, 자신을 이해하는 법, 자신을 사랑하는 법은 전혀 배우지 못했습니다.

김 과장은 가족을 돌본 경험이 있습니다. 아버지가 편찮으셨을 때 2년 동안 병간호를 했습니다. 그때 그는 무언가를 느꼈습니다. 사랑이 무엇인지 말입니다. 처음에는 의무감 때문이었습니다. 아들로서 해야 할 일이라고 생각했지만, 시간이 지나면서 달라졌습니다. 아버지가 조금이라도 편해지시길 바랐고, 웃는 모습을 보면 기뻤고, 아프실 때는 마음이 아팠습니다.

사랑은 감정만이 아니었습니다. 감정을 포함한 더 큰 무언가였습니다. 밤새 간병하며 잠을 못 자는 것, 아버지가 좋아하시는 음식을 사 오는 것, 말벗이 되어 드리는 것, 때로는 아무 말 없이 옆에 있어 주는 것. 이런 것들이 사랑이었습니다. 그것은 대상이 온전해지기 위한 태도이자 행동이었습니다. 자신을 믿고, 살피고, 교감하고, 희생하고, 기다리는 것이었습니다.

그런데 문득 이런 생각이 들었습니다. 나는 나 자신에게 이런 사랑을 주고 있는가? 나는 나를 믿지도, 살피지도, 교감하지도 않았습니다. 오히려 자신을 혹사하고 있었습니다. 하기 싫은 일을 억지로 하고, 몸이 피곤해도 무시하고, 마음이 아파도 외면했습니다. 일 자체가 아닌 돈이 목적이 된 삶을 살다 보니 자신에게 가장 가혹한 사람 자신이 되어 있었습니다. 자신을 사랑하지 못했으니 자신이 온전할 수 없었음을 알게 되었습니다.

온전한 인간이란 무엇일까요? 김 과장은 생각해 봤습니다. 돈이 많다고 온전한 것은 아닙니다. 돈이 많아도 몸이 아프거나 마음이 병들면 온전하지 않습니다. 건강하다고 온전한 것도 아닙니다. 몸은 건강해도 관계가 단절되어 있거나 마음이 공허하면 온전하지 않습니다.

온전함은 삶의 균형을 의미합니다. 불편하지 않을 만큼 돈이 있고, 몸과 마음이 건강하고, 관계가 건강한 상태입니다. 셋 중 하나라도 무너지면 온전함은 깨집니다. 자본주의 과도기는 이 균형을 깨뜨렸습니다. 돈을 벌기 위해 몸을 혹사했고, 경쟁 때문에 관계가 단절되었고, 성과에 쫓기며 마음이 병들었습니다. 생산성은 올랐지만, 인간은 온전하지 못했고, 진짜 원하는 것이 무엇인지 잊고 자아실현의 기회마저 잃었습니다.

김 과장은 자신을 돌아봤습니다. 마음은 늘 불안했습니다. 회사에서 잘리면 어쩌나, 집을 못 사면 어쩌나, 나이만 먹고 이루는 게 없으면 어쩌나 하면서 말입니다. 몸은 만성 피로에 시달리며 주말에 쉬어도 피로가 풀리지 않았습니다. 관계는 단절되어 있었습니다. 친구와 연락이 뜸해진 지 오래였고 회사 동료와는 업무 관계일 뿐이었고, 가족과도 형식적인 대화만 했습니다.

월급은 받고 있었지만, 인간으로서는 온전하지 못했습니다. 생산성은 있었지만, 존재로서는 불완전했습니다. 무언가 잘못되었다는 걸 알았지만, 어떻게 바꿔야 할지 몰랐습니다. 자신에 대한 상황을 파악하고 고민하자 여러 가지 물음이 머릿속에서 가득 생겨났습니다.

나와 나 자신의 관계를 인식하고, 그 관계를 사랑으로 채우고, 마음과 몸과 관계를 온전하게 만들어 가는 것. 이것이 존재주의가 말하는 길입니다.

김 과장은 아직 확신이 서지 않았습니다. 이것이 정말 가능한 걸까요? 하지만 한 가지는 분명했습니다. 지금까지의 방식으로는 더 이상 살 수 없다는 것. 변화가 필요하다는 것. 그리고 그 변화는 밖이 아니라 안에서 시작해야 한다는 것.

Chapter Code : 존재로서의 인간

- 나와 나 자신과의 관계
- 존재주의의 핵심
- 온전한 인간으로의 성장

나와 나 자신과의 관계를 인식하고
스스로 사랑을 하는 것,
그것으로도 충분히 가치 있는 인간이 되는 것.
그것이 존재주의다.

6장

그래서 개인은 무엇을 해야 하는가

김 과장은 주말 아침, 카페에 앉아 창밖으로 사람들이 지나가는 모습을 지켜봅니다. 누군가는 출근하는 듯 바쁘게 걸어가고, 누군가는 여유롭게 산책하고, 아이를 데리고 나온 부모도 보입니다. 모두 각자의 삶을 살고 있습니다. 하지만 그들 대부분은 모를 것입니다. 자본주의가 과도기를 지나고 있다는 것을, 인공지능 시대가 왔다는 것을, 돈의 의미가 작아지고 있다는 것을요. 시스템이 바뀌는 건 어쩔 수 없는 일이고, 개인이 할 수 있는 것은 없다고 여길 것입니다. 그저 주어진 환경에서 최선을 다하며 살아가는 것. 이것이 현실적인 태도라고 생각할 것입니다.

김 과장도 그렇게 생각했습니다. 자본주의의 과도기? 그건 경제학자들이나 정치인들이 고민할 문제입니다. 인공지능 시대? 그건 테크 기업들이 알아서 할 일입니다. 존재주의? 그건 철학자들의 이야기라고 치부하며 살아왔습니다. 나는 그냥 회사에 가서 일하고, 월급 받고, 살아가면 되는 것 아닌가.

하지만 최근 들어 이런 생각이 자주 들었습니다. 그게 전부는 아닐 것입니다. 시스템이 바뀌는 건 어쩔 수 없지만, 그 안에서 나는 어떻게 살 것인가는 내가 결정할 수 있습니다. 시대가 변하고 있다면, 나도 변해야 합니다.

시스템을 바꾸는 것은 개인의 몫이 아닙니다. 자본주의의 구조를 바꾸는 것, 정부 정책을 바꾸는 것, 기업 문화를 바꾸는 것. 이런 것들은 개인이 혼자서 할 수 있는 일이 아닙니다. 사회적 합의가 필요하고, 제도적 변화가 필요하고, 오랜 시간이 필요합니다.

하지만 자신을 바꾸는 것은 개인의 몫입니다. 내가 어떻게 살 것인지,

무엇을 중요하게 여길지, 어떤 사람이 될지와 같은 것들은 시스템과 무관하게 개인이 선택할 수 있는 영역입니다. 시스템이 바뀌길 기다리면서 수동적으로 살 것인가, 아니면 시스템 안에서라도 주체적으로 살 것인가. 이것은 선택의 문제입니다.

김 과장은 지금까지 수동적으로 살았습니다. 사회가 제시한 길을 따라갔고, 회사가 요구하는 일을 했고, 돈을 벌기 위해 움직였습니다. 자신이 원하는 것이나 어떻게 살고 싶은지 생각해 본 적이 없었습니다. 그냥 흘러가는 대로 살았습니다. 많은 사람이 그렇게 살고 있었으니, 자신도 그렇게 사는 것이 당연하다고 생각했습니다.

하지만 인공지능 시대가 오고 있고, 돈의 의미가 작아지고 있고, 노동의 중요성이 줄어들면서 이제는 달라져야 한다는 걸 조금씩 알게 되었습니다. 이런 변화 속에서 여전히 옛날 방식으로 산다면 어떻게 될까요? 프롬프트 창 앞에서 멈춘 것처럼, 시대 앞에서 멈춰 설 것입니다.

그렇다면 개인은 무엇을 해야 할까요?

김 과장은 생각해 봤습니다. 가장 먼저 필요한 것은 자신에 대한 깊은 이해였습니다. 나는 누구인가, 나는 어떤 것을 좋아하는가, 나는 무엇을 잘하는가, 나는 어떤 사람이 되고 싶은가. 이런 질문들에 답할 수 있어야 했습니다.

자신의 깊은 이해가 중요한 이유는 명확합니다. 인공지능 시대에는 좋은 질문이 중요하기 때문입니다. 이 기술은 우리가 던진 질문의 깊이만큼만 답해 줍니다. 좋은 질문을 하려면 명확한 목적이 필요하고, 목적을 알려면 자신을 알아야 합니다. 자신을 모르면 좋은 질문을 할 수 없고, 좋은 질문을 못 하면 이 도구를 제대로 활용할 수 없습니다.

하지만 자신의 깊은 이해는 쉽지 않습니다. 여태 자신을 들여다본 적이 없는데, 갑자기 나를 알라고 하면 막막합니다. 시작점을 찾기가 막막했습니다.

회사 동료가 한 말이 떠올랐습니다. "요즘 마음 챙김 명상한다는 사람들 많던데, 그거 해 봐. 나도 해 봤는데 좀 도움 되더라."

김 과장은 처음에는 시큰둥했습니다. 명상이 도움이 될 것 같지 않았습니다. 하지만 다른 방법도 없었기에, 유튜브에서 명상 영상을 찾아봤습니다.

처음 해 봤을 때는 어색했습니다. 눈을 감고 호흡에 집중하라고 했지만, 잡념만 일어났습니다. 오늘 회의 준비는 다 했나, 내일 보고서는 어떻게 쓰지, 저녁은 뭘 먹지. 생각이 끊임없이 흘러갔습니다. 1분이 10시간 같았기에 포기하고 싶었습니다.

하지만 매일 아침이나 저녁에 명상을 시도해 봤습니다. 신기하게도, 회를 거듭할수록 조금씩 달라졌습니다. 생각이 일어나는 것을 보게 되었습니다.

'아, 지금 내가 내일 보고서 걱정하고 있구나.'

'아, 지금 내가 과거 실수를 떠올리고 있구나.'

생각을 관찰하게 된 것입니다. 생각에 휘말리는 것이 아니라, 생각을 바라보게 되었습니다.

그러면서 알게 된 것이 있었습니다. 자신의 마음이 늘 불안하다는 것을요. 과거를 후회하거나, 미래를 걱정하거나, 현재에 만족하지 못하거나. 지금 이 순간에 머물러 있는 적이 없었습니다. 마음은 항상 어딘가로 달려가고 있었습니다. 그래서 정신적으로 더 피곤했던 것입니다. 몸은 여기 있는데, 마음은 저기 있었으니까요.

자기 이해는 마음을 알아차리는 것에서 시작됩니다. 내 마음이 지금 어디에 있는가, 무엇을 느끼고 있는가, 왜 이런 생각을 하고 있는가. 이런 것들을 알아차리는 것입니다. 알아차리면 변화가 시작됩니다. 마음을 대상으로 바라볼 수 있기에 불안을 불안으로 보게 되고, 화를 화로 보게 되고, 욕망을 욕망으로 보게 됩니다. 그러면 그것에 대응하여 휘둘리지 않게 됩니다.

김 과장은 조금씩 달라지기 시작했습니다. 회의 중에 상사가 자신을 비판할 때, 예전에는 즉각 방어적으로 반응했지만 이제는 잠깐 멈춥니다.
'아, 지금 내가 화가 나려고 하는구나.'
그러면 조금 여유가 생깁니다. 화를 내지 않고, 상사의 말을 들을 수 있게 됩니다. 실제로 일리 있는 지적인지, 아니면 단순한 감정 표출인지 판단할 수 있게 됩니다.
퇴근길에도 달랐습니다. 예전에는 지하철에서 스마트폰만 보며 SNS를 스크롤하고, 뉴스를 보고, 유튜브를 봤습니다. 하지만 이제는 가끔 스마트폰을 내려놓고 그냥 앉아서 사람들을 보거나 창밖을 봅니다. 눈을 감고 자신의 호흡을 느낍니다. 이상하게도 이게 더 편안했습니다. 끊임없이 정보를 소비하는 것보다, 그냥 있는 것이 더 쉬운 것 같았습니다.

명상 훈련을 반복할수록 자기 이해만으로는 부족하다는 생각이 들었습니다. 알아차림은 시작일 뿐이었습니다. 그렇다면 다음에는 무엇을 해야 할까. 나를 알았으니, 이젠 나를 어떻게 사랑하고, 나와 나 자신의 관계를 어떻게 회복해야 할까?

김 과장은 답을 찾고 싶었습니다. 책도 읽어 보고, 유튜브도 찾아보고, 사람들에게도 물어봤습니다. 하지만 명확한 답을 주는 사람은 없었습니다. 어떤 사람은 "자신을 사랑하세요."라고 했고, 어떤 사람은 "긍정적으로 생각하세요."라고 했고, 어떤 사람은 "목표를 세우세요."라고 했습니다. 다 맞는 말 같았지만, 구체적이지 않았습니다. 어떻게 하라는 건지 알 수 없었습니다.

그러던 중 우연히 MIND MOVEMENT(마음 훈련) 마인드피티 프로그램을 소개하는 글을 읽게 되었습니다. 이 프로그램은 6단계로 구성되어 있었습니다. 마음 알아차리기를 시작으로, 자신을 사랑하는 태도를 익히고, 러닝으로 체화하며, 긍정과 감사로 마음을 전환하고, 만다라트로 재능을 발견한 후, 아침 루틴으로 지속하는 구체적인 과정이었습니다.

김 과장은 흥미가 생겼습니다. 이것이 하나의 답이 될 수 있을 것 같았습니다. 이것을 따라가면 자신을 이해하고, 사랑하고, 온전해질 수 있을 것 같았습니다. 확신은 없었지만, 시도해 볼 만한 가치는 있어 보였습니다. 적어도 막연하게 "자신을 사랑하세요."라는 말보다 "이 프로그램을 공부하고 훈련하면 자신을 사랑할 수 있습니다."처럼 구체적인 실천 방안을 제시해 주었으니까요.

개인이 할 수 있는 것은 자신을 바꾸려는 인식, 이해, 연습입니다. 시스템이 바뀌길 기다리는 것이 아니라, 시스템 안에서 주체적으로 사는 것입니다. 자본주의 과도기를 지나고 있고, 인공지능 시대가 오고 있지만,

그 안에서도 나는 나를 알 수 있고, 나를 사랑할 수 있고, 온전해질 수 있습니다.

김 과장은 이제 조금 이해하게 되었습니다. 시스템 탓만 하면서 수동적으로 살 것인가, 아니면 자신을 변화시키며 능동적으로 살 것인가. 이것은 선택의 문제라는 것을요. 그리고 그 선택은 미래를 바꾼다는 것도 체감할 수 있게 되었습니다. 프롬프트 앞에서 멈출 것인가, 좋은 질문을 던질 것인가. 돈의 의미가 작아져도 공허할 것인가, 존재의 가치를 가질 것인가. 좋은 질문을 던지기 위해 나는 어떤 준비가 되어 있는가.

앞으로 펼쳐질 인공지능 시대는 두 갈래 길로 나뉠 것입니다. 자신을 아는 사람과 모르는 사람, 목적이 있는 사람과 없는 사람, 좋은 질문을 하는 사람과 하지 못하는 사람. 어느 길로 갈 것인지는, 지금 이 순간의 선택에 달려 있습니다.

Chapter Code : 개인의 선택

- 내면 탐구의 시작
- 마음 훈련의 필요성
- 지금 당장 할 수 있는 일

변화는 거창한 것이 아니라, 자신을
들여다보는 작은 실천에서 시작된다.

7장

●●

마음의 시대를 선언하며

김 과장은 한 달 동안 명상을 해 봤습니다. 매일 아침 10분씩, 출근 전에 조용히 앉아 호흡을 관찰했습니다. 처음에는 억지로 했지만, 점점 익숙해지면서 이 시간이 하루의 시작을 다르게 만든다는 걸 느꼈습니다. 명상을 하고 나면 마음이 조금 더 고요했고, 하루가 조금 더 여유로웠습니다.

회사에서도 달라졌습니다. 예전에는 회의 시간이 스트레스였습니다. 상사의 눈치를 봐야 했고, 동료들과 경쟁해야 했고, 실수하면 어쩌나 불안했습니다. 하지만 이제는 조금 다릅니다. 여전히 긴장되지만, 그 긴장을 관찰할 수 있게 되었습니다. "아, 지금 내가 긴장하고 있구나." 그러면 긴장이 조금 줄어듭니다. 완전히 사라지지는 않지만, 긴장에 압도되지는 않습니다.

퇴근 후에는 가끔 산책을 했습니다. 예전에는 집에 와서 소파에 누워 스마트폰만 봤지만, 이제는 30분 정도 동네를 걸어 봅니다. 특별한 목적지는 없이 그냥 걸을 때 나무를 보고, 하늘을 보고, 지나가는 사람들을 보면서 정신적으로 휴식이 되었습니다.

김 과장은 자신이 조금씩 변하고 있다는 걸 느꼈습니다. 극적인 변화는 아니었습니다. 여전히 회사에 다니고, 월급을 받고, 집을 사지 못하는 현실은 똑같았지만, 그 현실을 대하는 태도가 조금은 달라졌습니다. 예전에는 집을 못 산다는 사실이 자신을 무기력하게 만들고 '나는 실패자'라는 생각을 떨칠 수 없었습니다. 하지만 이제는 조금 다르게 봅니다. 집을 못 사는 것은 시스템의 문제이지, 나의 존재 가치와는 별개라는 것을요. 이 작은 인식의 전환이 그를 짓누르던 오랜 무기력으로부터 해방시키는 첫걸음이었습니다. 시스템을 비판하면서도 자신을 성장시켜야 한다는 생각을 하게 되었습니다.

월급도 마찬가지였습니다. 예전에는 월급이 자신의 가치를 증명하는 것처럼 느껴졌습니다. 연봉이 높으면 성공한 것이고, 낮으면 실패한 것이라고 생각했습니다. 하지만 이제는 월급이 단지 노동의 대가일 뿐이라는 걸 압니다. 나의 존재 가치와는 다른 것입니다. 나는 월급과 무관하게 존재하고, 가치가 있고, 의미가 있습니다.

이런 생각들이 자연스럽게 떠올랐습니다. 명상을 하면서, 산책을 하면서, 자신을 관찰하면서 조금씩 보이게 된 것들이었습니다. 누가 가르쳐 준 것도 아니고, 책에서 읽은 것도 아니고, 그냥 자연스럽게 알게 된 것들이었습니다. 자신을 알아차리다 보니, 내면을 들여다보게 되고, 자신을 사랑할 수 있을 것 같았습니다.

하지만 여전히 질문은 남아 있었습니다. 이것으로 충분한가? 명상하고, 산책하고, 자신을 관찰하는 것만으로 인공지능 시대를 자신을 성장시키며 살아갈 수 있는가? 자본주의 과도기를 넘어설 수 있는? 김 과장은 확신할 수 없었습니다.

그가 읽은 글에서 소개한 마음 훈련 프로그램이 떠올랐습니다. 6단계로 구성되어 있다고 했습니다. 그는 이제 1단계, 마음 알아차리기를 시작한 것 같았습니다. 다음 단계는 사랑의 태도를 익히고, 러닝으로 체화하고, 긍정과 감사로 마음을 전환하고, 만다라트로 재능을 발견하고, 아침 루틴으로 지속하는 것이었습니다. 각 단계가 구체적이었습니다. 이것을 따라가면 달라질 수 있을 것 같았습니다.

김 과장은 그 글을 더 찾아봤습니다. 글쓴이는 이렇게 썼습니다. "자본주의 시대는 돈이 선이었습니다. 하지만 마음의 시대는 사랑이 선입니다. 자본주의 시대는 생산성이 가치였습니다. 하지만 마음의 시대는 온전함이 가치입니다. 자본주의 시대는 인간을 노동력으로 봤습니다. 하지만 마음의 시대는 인간을 존재 그 자체로 봅니다."

이 문장들이 김 과장에게 깊이 와닿았습니다. 자신이 막연하게 느끼던 것을 명확하게 표현한 것 같았습니다. 돈이 아니라 사랑. 생산성이 아니라 온전함. 노동력이 아니라 존재. 이것이 새로운 시대의 기준이라면, 자신도 그 기준으로 살아 보고 싶었습니다.

— 마음의 시대 —

이 말이 처음에는 추상적으로 들렸습니다. 마음으로 시대를 정의한다는 것이 낯설었습니다. 하지만 생각해 보니 이해가 되었습니다. 자본주의 시대는 돈의 시대였습니다. 모든 것이 돈으로 환산되고, 돈으로 평가받고, 돈을 중심으로 돌아갔습니다. 인공지능이 여는 새로운 시대는 마음을 중심으로 돌아가야 합니다. 인간의 마음, 존재를 인식하는 마음, 자신과 상대를 사랑할 수 있는 마음, 좋은 질문을 던지기 위한 태도와 같은 개념이 가장 필요한 때입니다.

김 과장은 자신의 경험을 떠올렸습니다. 아버지를 간병하던 시절, 그때 중요했던 것은 돈이 아니었습니다. 물론 병원비도 필요했고, 약값도 들었습니다. 하지만 진짜 중요했던 것은 마음이었습니다. 아버지를 향한 마음, 조금이라도 편하시길 바라는 마음, 함께 있어 드리고 싶은 마음. 그 마음이 자신을 움직였고, 무사히 아버지가 2년을 버티게 하여 회복하는 의미를 부여했습니다.

친구와의 관계도 그랬습니다. 오랜만에 만난 친구와 이야기를 나눌 때, 정말 중요한 것은 친구의 연봉이나 직급이 아닌 친구를 향한 마음이었습니다. 요즘 어떻게 지내는지, 무엇이 힘든지, 무엇이 기쁜지. 그런 마음을 나누는 것이 관계를 만들고, 위로를 주고, 힘이 되었습니다.

자본주의는 이런 것들을 보지 못했습니다. 돈으로 환산할 수 없으니까요. 생산성으로 측정할 수 없으니까요. 하지만 인간의 삶에서 진짜 중요한 것은 이런 것들이었습니다. 마음, 사랑, 관계, 존재. 이것들이 없으면 아무리 돈이 많아도 공허했습니다.

물론, 머릿속에서는 여전히 현실적인 의문이 따라왔습니다.
'돈이 없으면 이런 마음들이 다 무슨 소용이 있을까? 그래도 돈이 우선

이지 않나?'

맞습니다. 돈을 버는 것은 여전히 중요합니다. 다만, 마음을 공부하고 훈련하여 존재를 인식하지 못하고 스스로를 사랑할 수 없다면, 삶은 황폐해질 수 있습니다. 결국 돈이 있어도 무의미한 상황에 몰릴 수밖에 없습니다.

마음의 시대는 제도만으로 만들어지지 않습니다. 개인의 현명한 선택을 통한 마음의 성장만이 변화로 이어집니다.

자본주의 시대도 그렇게 왔습니다. 어느 날 갑자기 "오늘부터 자본주의입니다."라고 선언한 것이 아니었습니다. 사람들이 조금씩 돈을 중심으로 살게 되고, 기업이 생산성을 추구하고, 사회가 그것을 가치로 인정하면서 경제가 성장하며 만들어진 것입니다. 수십 년에 걸쳐 천천히 형성된 것입니다.

마음의 시대도 마찬가지일 것입니다. 한 사람 한 사람이 자신의 마음을 돌보기 시작하고, 사랑의 태도로 살아가고, 온전함을 추구하고, 존재의 가치를 인정하면서 마음의 성장을 통해 만들어질 것입니다. 제도는 그다음입니다. 많은 사람이 그렇게 살기 시작하면, 제도도 따라올 것입니다.

김 과장은 자신부터 시작하기로 했습니다. 시대를 바꿀 수는 없지만, 자신을 바꿀 수는 있습니다. 자신이 바뀌면, 주변 사람들에게 영향을 줄 수 있습니다. 한 명 한 명이 바뀌면, 결국 시대도 바뀔 것입니다. 낙관적인 생각일 수도 있지만, 그렇게 믿고 싶었습니다.

그는 마음 훈련 프로그램의 다음 단계를 시작하기로 결심했습니다. 1단계에서 '마음 알아차리기'를 배웠으니, 이제 2단계인 '사랑의 태도'를 익힐 차례였습니다. 자신을 믿고, 살피고, 교감하고, 희생하고, 기다리는 그 사랑의 태도를 자신에게 먼저 적용하고, 그다음에는 다른 사람에게도 적용해 보고 싶었습니다.

그리고 러닝도 시작하기로 했습니다. 몸을 움직이면 마음도 달라진다고 했습니다. 명상과 산책만으로는 부족할 것 같았습니다. 좀 더 적극적으로 몸을 쓰고, 땀을 흘리고, 한계를 느껴 보고 싶었습니다. 그 과정에서 내면을 더 들여다보게 될 것 같았습니다.

만다라트도 흥미로웠습니다. 자신의 재능을 발견하는 도구라고 했습니다. 지금까지는 남들이 정해 준 길을 따라왔습니다. 하지만 이제는 자신의 길을 찾고 싶었습니다. 진짜 흥미와 재능을 발견하면, 인공지능 시대에도 좋은 질문을 할 수 있을 것입니다.

인간은 언어로 생각합니다. 명확한 언어가 없으면 생각할 수 없고, 생각할 수 없으면 추구할 수 없습니다. 사랑, 마음, 존재. 이런 단어들을 우리는 알고 있습니다. 하지만 막연하게 느낌적으로만 알 뿐입니다. 그래서 실천하기 어렵습니다. "자신을 사랑하세요."라는 말을 들어도, 구체적으로 어떻게 해야 하는지 모릅니다.

그래서 명확한 언어가 필요합니다. 존재주의라는 언어, 마음의 시대라는 언어, 사랑의 태도라는 언어, 온전한 인간이라는 마음의 언어. 이런 언어들이 사람들에게 생각할 틀을 주고, 추구할 방향을 주고, 실천할 방법을 줍니다. 김 과장은 읽은 그 글이 바로 그런 역할을 한 것 같았습니다. 막연했던 느낌을 명확한 언어로 만들어 주었고, 그래서 생각할 수 있게 되었고, 실천할 수 있게 되었습니다.

자본주의 시대는 돈을 선으로 삼았습니다. 그 결과 물질적으로는 풍요로워졌지만, 정신적으로는 무너지고 있는 듯합니다. 사람들은 더 많이 벌었지만 더 불행했습니다. 생산성은 올랐지만 관계는 무너지고 있습니다. 이제는 다른 길이 필요합니다. 더 이상 돈이 아닌 마음을 선으로 삼는 길, 사랑을 가치로 여기는 길, 존재 자체를 인정하는 길입니다.

마음의 시대는 저절로 오지 않습니다. 우리가 만들어 가야 합니다. 한 사람 한 사람이 자신의 마음을 돌보고, 자신을 사랑하고, 온전해지려 노력할 때, 비로소 마음의 시대가 옵니다. 그리고 그것을 위해서는 명확한 언어가 필요합니다. 생각할 수 있는 언어, 추구할 수 있는 개념, 실천할 수 있는 방법. 그것이 존재주의이고, 마음의 시대이고, 마인드피티입니다.

김 과장은 이제 막 시작했다는 걸 느꼈습니다. 마음을 알아차리는 것은 첫걸음일 뿐입니다. 앞으로 가야 할 길이 멉니다. 하지만 두렵지 않았습니다. 방향을 알았으니까요. 자본주의가 제시한 길이 아니라, 존재주의가 제시하는 길. 돈이 아니라 마음, 생산성이 아니라 온전함, 노동력이 아니라 존재. 이것이 그가 가야 할 길입니다.

Chapter Code : 마음의 시대

- ◆ 인간성 회복의 시작
- ◆ 새로운 가치의 등장
- ◆ 시대 전환의 징조

돈이 목적이 아닌 시대,
개인은 존재로 살아가는 시대가 다가오고 있다.

2부

프롬프트 앞에서

8장

프롬프트 앞에서 멈추는 이유

며칠 전 자신을 멈춰 세웠던 프롬프트 창을 떠올리며 김 과장은 다시 컴퓨터 앞에 앉았습니다.

지난 시간 동안 명상을 통해 마음을 알아차리는 훈련을 했으니, 이제 자신을 조금은 이해하게 되었을 터였습니다. 마음의 불안을 읽어냈고, 감정의 흐름을 관찰했고, 생각의 패턴을 알아차렸습니다. 그는 좋은 질문을 던질 수 있을 거라는 작은 확신과 기대를 품고 프롬프트 창을 켰습니다.

하지만 화면의 커서는 텅 빈 채 그를 응시했고, 머릿속은 예전과 다름없이 고요하고도 막막했습니다.

아무런 질문도, 영감도 떠오르지 않았습니다.

'이상하다. 명상을 하면서 내 마음의 불안은 읽어냈는데, 왜 여전히 AI에게 말을 걸 수 없는 걸까?'

그는 마음을 알아차리는 것과 질문을 던지는 것 사이에 근본적인 단절이 놓여 있음을 발견했습니다.

다시 한번 깊이 생각에 잠겼습니다.

감정과 생각의 흐름은 읽어냈지만, 정작 가장 근원적인 질문에는 답하지 못하고 있었다는 것을 문득 깨달았습니다.

'내가 진정으로 무엇을 하고 싶어 하는가?'

목적이 없었습니다.

마음을 알아차리는 것은 중요합니다. 자신의 불안을 보고, 감정을 관찰하고, 생각의 패턴을 아는 것. 이것은 시작입니다. 하지만 그것만으로는 충분하지 않았습니다.

박지영 씨가 구체적으로 질문할 수 있었던 이유는 단순히 자신을 알아서가 아니었습니다. 명확한 목적이 있었기 때문에 자신의 약점을 알았고, 필요한 것을 알았고, 원하는 결과를 알았습니다.

하지만 김 과장은 자신이 원하는 방향도, 흥미도, 재능도, 되고 싶은 모습도 몰랐습니다. 그래서 막연하게만 질문했던 것입니다.

목적의 부재는 결국 자기 이해의 부족에서 발생한다는 것을 알게 되었습니다.

나는 누구인가? 나는 무엇을 하고 싶은가? 나는 무엇을 할 때 기쁜가? 나의 재능은 무엇인가? 이런 질문에 답하지 못하면, 인공지능 앞에서도 답하지 못합니다.

김 과장은 이제 알았습니다.

인공지능 활용법을 배우는 것보다 먼저 필요한 게 있다는 걸.

나를 아는 것. 나를 이해하는 것. 그리고 나의 목적을 찾는 것.

유튜브에는 활용법 영상이 넘쳐났지만, 정작 가장 중요한 것은 가르쳐 주지 않았습니다.

"당신은 무엇을 하고 싶나요?"

"당신의 재능은 무엇인가요?"

"당신의 목적은 무엇인가요?"

이런 질문들에 답하는 법은 알려 주지 않았습니다.

김 과장은 입력 창 앞에서 멈춰 있었습니다. 인공지능 시대가 왔다고 하는데, 자신은 그 시대에 설 자리가 없는 것 같았습니다.

시대는 이미 시작되었지만 김 과장은 준비가 안 됐습니다. 아니, 무엇을 준비해야 하는지조차 몰랐습니다.

그는 결심했습니다.

나는 멈춰 섰지만, 분명 이 시대에 명확한 목적을 가지고 AI를 파트너로 삼아 새로운 가치를 만들어 가는 사람들이 있을 것입니다.

그들의 질문은 나의 질문과 무엇이 달랐을까?

그들은 어떻게 자신의 목적을 찾았을까?

그들을 관찰하고 배워야 했습니다.

자신의 목적을 찾는 법을.

Chapter Code : 입력 창 앞의 침묵

- ◆ 막연한 질문의 한계
- ◆ 방향 없는 활용의 무의미
- ◆ 자기 인식의 결핍

AI 프롬프트 앞에서 멈추는 이유는
기술이 부족해서가 아니라, 자신을 모르기 때문이다.

9장

명확한 목적을 가진 사람들

김 과장은 며칠 동안 계속 입력 창 앞에서 멈췄습니다. 답답했지만 포기하고 싶지 않았습니다. 그래서 다른 사람들은 어떻게 하고 있는지 관찰하기 위해 옆 부서 박지영 씨를 좀 더 유심히 지켜봤습니다. 그녀는 점심시간에도 노트북을 열어 대화하고 있었습니다. 궁금해서 슬쩍 물어봤습니다. "요즘 글을 많이 쓰시네요. 뭐 하시는 거예요?"

박지영 씨가 웃으며 답했습니다. "아, 다음 주 제품 론칭 캠페인 준비하고 있어요. 타깃 분석도 시키고, 광고 문구 초안도 받고 있어요. 예전에는 이런 거 하나 만드는 데 며칠 걸렸는데, 지금은 몇 시간이면 돼요."

김 과장이 물었습니다. "그럼 어떻게 질문하세요?"

"음, 우선 제 머릿속으로 해야 할 일들을 정리하고 나서 제가 원하는 게 뭔지 명확하게 말하죠. '25~35세 여성, 건강 의식 높음, 친환경 제품 선호' 이런 식으로 타깃을 구체적으로 설명하고요. '핵심 메시지는 지속 가능성과 피부 건강', '톤은 따뜻하고 진정성 있게' 이렇게 조건을 주면 여러 버전을 만들어 줘요. 그중에 괜찮은 거 골라서 다듬으면 되고요."

김 과장은 감탄했습니다. "와, 정말 구체적이네요."

"당연하죠. 제가 뭘 원하는지 모르면 답도 모호하니까요. 명확하게 요청해야 명확한 답을 받죠."

김 과장은 그날 저녁 유튜브를 다시 열었습니다. 이번에는 성공 사례를 찾아봤습니다. 'AI 활용 성공 사례', 'AI로 돈 버는 사람들', '1인 기업 AI 활용법' 같은 키워드로 검색했습니다.

한 영상이 눈에 띄었습니다. 30대 초반으로 보이는 남자가 나왔습니다. 그는 웹 소설 작가였습니다. 원래 이야기를 잘 만들지만, 문장력과 묘사력이 부족해서 고민이었다고 했습니다. 하지만 인공지능을 활용하면서 자신의 이야기를 제대로 풀어낼 수 있게 됐다고 했습니다.

"저는 제가 쓰고 싶은 스토리가 명확했어요. 현대 판타지 장르에 사회 풍자를 녹인 작품이요. 주인공 성격, 세계관, 전개 방향 다 정해져 있었고요. 그런데 막상 글로 옮기려니 문장이 매끄럽지 않고, 장면 묘사가 빈약했어요. 그래서 '이런 장면을 생생하게 묘사해 줘', '이 대사를 더 임팩트 있게 만들어 줘', '이 감정을 섬세하게 표현해 줘' 이렇게 요청했어요. 물론 처음에는 제 스타일이 아닌 결과도 많이 나왔죠. 하지만 계속 프롬프트를 조정하고, 제가 원하는 톤을 학습시키면서 점점 제 스타일에 맞는 문장을 만들 수 있게 됐어요."

그는 이제 주 1회 웹 소설을 연재하고 있었습니다. 구독자도 꽤 있었습니다. "이 도구 없었으면 저는 평생 작가 못 됐을 거예요. 이야기는 있는데 문장력이 부족하니까요. 근데 이제는 제 이야기를 제대로 표현할 수 있어요."

다른 영상도 봤습니다. 한 여성은 요리를 좋아해서 레시피 콘텐츠를 만들고 있었습니다. 인공지능을 활용해서 레시피를 다양한 언어로 번역하고, 영양 성분을 리서치해서 분석하고, 대체 재료를 제안했습니다.

"저는 요리는 잘하는데 영양학 지식이 부족했어요. 근데 이게 칼로리, 영양소, 건강 효과까지 다 알려 줘요. 그럼 제가 그걸 바탕으로 콘텐츠를 만들죠."

또 다른 사람은 스마트폰 앱 아이디어가 있었지만 코딩을 몰랐습니다. '이런 기능을 하는 앱을 만들고 싶다'고 설명하고, 단계별로 코드를 받아서 시제품을 만들었습니다. "완벽하진 않아요. 하지만 투자자들한테 보여 줄 프로토타입은 만들 수 있었어요. 예전 같으면 개발자 구하고, 수천만 원 들여야 했는데, 저는 혼자 몇 주 만에 만들었어요."

김 과장은 영상을 보면서 한 가지 공통점을 발견했습니다. 이 사람들은 모두 '내가 무엇을 하고 싶은가?'가 명확했습니다. 웹 소설 작가는 '현대 판타지 풍자 소설을 쓰고 싶다'는 목적이 있었고, 요리 콘텐츠 크리에이터는 '건강한 레시피를 알리고 싶다'는 목적이 있었고, 앱 개발자는 '이런 문제를 해결하는 앱을 만들고 싶다'는 목적이 있었습니다.

방향이 명확하니까 무엇을 요청해야 하는지 알았습니다. 인공지능은 그들의 부족한 부분을 채워 주는 파트너가 됐습니다. 문장력이 부족한 작가에게는 세련된 표현을, 영양학 지식이 부족한 요리사에게는 전문 정보를, 코딩을 못 하는 기획자에게는 코드를 제공했습니다.

김 과장은 상대적 박탈감을 느꼈습니다. 왜 저 사람들은 되고 나는 안 되는 걸까? 저 사람들이 나보다 특별해서 그런 건 아닌 것 같았습니다. 웹 소설 작가도 문장력이 부족했고, 요리사도 영양학을 몰랐고, 앱 개발자도 코딩을 몰랐습니다. 부족한 건 다들 있었습니다.

차이는 단 하나였습니다. '나는 이것을 하고 싶다'는 분명한 방향.

김 과장은 자신을 돌아봤습니다. 나는 뭘 하고 싶지? 무슨 콘텐츠를 만들고 싶지? 어떤 서비스를 제공하고 싶지? 답이 나오지 않았습니다. 하고 싶은 게 없었습니다. 아니, 있는지 없는지도 몰랐습니다.

"아, 그래서 입력 창 앞에서 멈추는 거구나."

김 과장은 알게 되었습니다. 목적이 없으니 질문이 없고, 질문이 없으니 활용할 수 없는 것이었습니다.

다음 날, 김 과장은 점심시간에 박지영 씨에게 다시 물어봤습니다.

"박지영 씨는 어떻게 그렇게 명확하게 자신의 목적을 아세요?"

박지영 씨가 잠시 생각하더니 답했습니다.

"음, 저는 원래 카피라이팅을 못했거든요. 회의 때마다 스트레스받았고요. 그래서 고민을 많이 했어요. '어떻게 하면 이걸 잘할 수 있을까?' 그러다가 이 도구를 알게 됐고, '아, 이걸로 내 약점을 보완할 수 있겠다.'라고 생각했죠. 그래서 구체적으로 요청하는 법을 연습했어요. 처음엔 막연하게 물어봤는데 결과가 별로더라고요. 그래서 점점 더 구체적으로, 명확하게 요청하는 법을 익혔죠."

"그럼 처음부터 잘한 건 아니네요?"

"당연히 아니죠. 저도 시행착오 엄청 많았어요. 근데 제가 뭘 원하는지는 알았으니까 계속 개선할 수 있었던 거죠."

김 과장이 물었습니다.

"그럼 자기가 뭘 원하는지 모르면 어떻게 해야 해요?"

박지영 씨가 빙긋 웃었습니다. "그게 제일 어려운 거죠. 저도 잘 모르겠어요. 근데 하나는 확실해요. 자신을 잘 알아야 한다는 거. 내가 뭘 못하는지, 뭘 잘하고 싶은지, 뭘 좋아하는지. 이런 걸 알아야 목적이 생기는 것 같아요."

김 과장은 그날 저녁 샘 알트먼의 인터뷰 영상을 찾아봤습니다. OpenAI의 CEO인 샘 알트먼, ChatGPT를 만든 사람. 그의 말이 궁금했습니다. 영상 속에서 샘 알트먼은 이렇게 말했습니다.

"만약 제가 지금 22살이고 대학을 졸업하게 된다면 저는 역사상 가장 행운아라고 느꼈을 겁니다. 왜냐하면 전혀 새로운 것을 창조하고, 무언가를 발명하고, 회사를 시작하기에 지금보다 더 놀라운 시기는 없기 때문입니다."

그는 계속 이어 갔습니다.

"지금은 1인 기업이 10억 달러 이상의 가치를 가진 기업으로 성장할 수 있는 시대라고 생각합니다. 그리고 그것보다 더 중요한 것은 세상에 엄청난 제품과 서비스를 제공할 수 있다는 점입니다. 이건 정말 미친 이야기입니다."

김 과장은 숨을 멈추고 화면을 응시했습니다. 1인 기업이 10억 달러. 한화로 1조 원이 넘는 금액입니다. 유니콘 기업이라고 불리는 규모입니다. '한 사람이 정말 이런 규모로 성장할 수 있다고?'라는 의문이 들었습니다.

샘 알트먼이 설명했습니다.

"과거에는 수백 명이 필요했던 일을 지금은 개인이 도구들을 이용해 할 수 있습니다. 필요한 건 이 도구를 배우고, 좋은 아이디어를 떠올리는 것, 그뿐입니다."

그 말이 김 과장에게 와닿았습니다. 과거에는 대기업만 할 수 있었던 일들. 많은 직원, 많은 자본, 많은 시간이 필요했던 일들. 그런 것들을 이제 개인도 할 수 있다는 것. 이 기술이 그것을 가능하게 만든다는 것.

하지만 동시에 보였습니다. 샘 알트먼이 말한 '좋은 아이디어'가 있어야 한다는 것. 그리고 그 아이디어는 분명한 방향에서 나온다는 것.

김 과장은 일론 머스크의 말도 떠올렸습니다. 어디선가 읽은 기사였습니다. 인공지능 시대에는 개인이 목적만 명확하면 생산성이 폭발적으로 증가한다는 내용이었습니다. 한 사람이 열 사람, 백 사람의 일을 할 수 있게 된다고 했습니다.

하지만 역으로 생각하면, 목적이 없는 사람은 이 시대에 설 자리가 없다는 뜻이었습니다.

김 과장은 샘 알트먼의 말을 다시 되새겼습니다.

"22살이라면 역사상 가장 행운아."

하지만 김 과장은 35살이었습니다. 22살 젊은이들은 이 시대를 축복으로 받아들일 수 있을지 모릅니다. 하지만 자신처럼 이미 시스템 안에서 십수 년을 보낸 사람들은 어떻게 해야 할까.

그는 답답했습니다. 젊은 사람들은 아직 가능성이 열려 있습니다. 하지만 자신은 회사에 다니며 월급 받는 것 외에 다른 길을 생각해 본 적이 없습니다. 인제 와서 '좋은 아이디어'를 떠올리라고 하면 무엇을 해야 할까?

김 과장은 자신만의 문제가 아니라는 걸 알았습니다. 수많은 사람이 같은 고민을 하고 있을 것입니다. 입력 창 앞에서 멈춰 서서, 무엇을 물어봐야 할지 모르는 사람들. 목적 없이 켜고 끄는 사람들.

하지만 동시에 느꼈습니다. 박지영 씨처럼, 웹 소설 작가처럼, 요리 콘텐츠 크리에이터처럼, 분명한 방향을 가진 사람들은 이미 앞서 나가고 있다는 것을. 그리고 그 격차는 점점 벌어질 거라는 생각이 들었습니다.

그렇다면 샘 알트먼이 말한 '1인 유니콘 기업'은 꿈같은 이야기가 아니었습니다. 이미 그렇게 가고 있는 사람들이 있었습니다. 명확한 목적을 가지고, 파트너로 삼아, 과거에는 불가능했던 것들을 해내고 있는 사람들.

목적의 근원은 자신을 아는 것이었습니다. 나를 알아야 내가 무엇을 하고 싶은지 알 수 있고, 무엇을 하고 싶은지 알아야 무엇을 요청할 수 있습니다. 결국 모든 것은 "나는 누구인가?"라는 질문으로 돌아왔습니다.

김 과장은 무거운 마음으로 노트북을 닫았습니다. 인공지능 시대는 기회라고 하지만, 자신에게는 아직 멀게만 느껴졌습니다.

Chapter Code : 목적이 만든 차이

- 명확한 목적을 가진 사람들
- 도구를 파트너로 삼은 사례들
- 자기 이해에서 출발한 성공

같은 도구 앞에서 누구는 나아가고
누구는 멈추는 이유, 그것은 목적의 유무다.

10장

목적이 없는 사람들의 미래

김 과장은 다음 날 출근길 지하철에서 뉴스 기사 하나를 봤습니다.

"AI 도입으로 IT 기업, 고객센터 직원 30% 감축"

댓글들이 달려 있었습니다. "나는 괜찮아, 나는 현장직이니까." "사무직은 다 없어지겠네." "AI가 할 수 없는 일 하면 되지."

김 과장은 쓴웃음을 지었습니다. 정말 그럴까? 정말 못 하는 일만 하면 괜찮을까?

스크롤을 내리다가 또 다른 기사가 눈에 띄었습니다. "대통령, '대한민국을 아시아 AI 허브로' 천명… 글로벌 AI 기업 투자 러시." 기사를 열어봤습니다. OpenAI, 구글, 엔비디아 등 글로벌 기업 관계자들이 앞다투어 한국을 방문해 MOU를 체결하고 있다는 내용이었습니다. 수조 원 규모의 투자가 약속됐고, 데이터센터 구축, 인재 양성, 산업 육성이 국가 전략으로 추진되고 있었습니다.

김 과장은 기사를 읽으며 묘한 기분이 들었습니다. 한편으로는 대단해 보였습니다. 한국이 강국으로 도약한다니. 하지만 다른 한편으로는 두려웠습니다. 이건 돌이킬 수 없는 흐름이라는 뜻이었습니다. 국가가, 기업이, 전 세계가 전력 질주하고 있었습니다. 이제 선택이 아니라 필수였습니다. 비가역적이었습니다.

문득, '준비 안 된 사람들은 어떻게 되는 걸까?'라는 궁금증이 김 과장의 머릿속에 떠올랐습니다. 회사에 도착해서 업무를 시작했지만 이상하게 자꾸 생각이 났습니다. 내 일도 대체될까? 기획 업무, 보고서 작성, 회의 준비. 솔직히 이미 가능할 것 같았습니다. 아니, 이미 박지영 씨가 하고 있었습니다.

점심시간에 김 과장은 또 유튜브를 열었습니다. 'AI 일자리 대체' 키워드로 검색했습니다. 영상들이 쏟아졌습니다. 예상보다 훨씬 심각했습니다.

한 영상에서 전문가가 말했습니다.

"많은 사람이 착각하는 게 있습니다. 'AI가 못 하는 일도 있을 거야', '내 일은 창의적이니까 괜찮아', '대면 서비스는 남을 거야'. 하지만 이건 희망 사항일 뿐입니다."

그는 구체적인 사례를 들었습니다.

"고객센터 상담원을 예로 들어 볼까요? 2023년에 한 IT 기업이 챗봇을 도입했습니다. 30명이던 상담팀이 20명으로 줄었습니다. 하지만 여기서 끝이 아닙니다. 해고된 10명은 어디로 갔을까요? 다른 회사 고객센터로 지원했습니다. 그런데 그 회사도 도입하고 있었습니다. 경쟁자는 늘어났고, 자리는 줄어들었습니다."

김 과장은 화면을 멈추지 않고 계속 봤습니다.

"그 결과 무슨 일이 일어났을까요? 임금 하락입니다. 예전에는 월 300만 원 받던 상담원이 이제 250만 원에도 일자리를 구하기 어려워졌습니다. 공급이 수요보다 많아지니 당연한 결과입니다."

전문가는 계속 이어 갔습니다.

"번역가도 마찬가지입니다. AI 번역이 나오면서 '전문 번역은 남을 거야'라고 생각했습니다. 틀린 말은 아닙니다. 고도의 전문성이 필요한 의학, 법률 번역은 여전히 사람이 필요합니다. 하지만 일반 번역 시장은 90% 이상 줄어들었습니다. 그럼 일반 번역가들은 전문 번역 시장으로 몰려듭니다. 경쟁이 치열해집니다. 결국 단가가 떨어집니다. 전문 번역가조차 예전만큼 벌기 어려워집니다."

김 과장은 식은땀이 났습니다. 고객센터 상담원, 번역가. 남의 이야기 같지 않았습니다. 자신의 기획 업무도 마찬가지 아닐까? 기획서를 작성하고, 데이터를 분석하고, 보고서를 만드는 일을 AI가 한다면? 기획팀 인원이 줄어들면? 해고된 기획자들이 다른 회사로 몰려들면?

영상은 계속됐습니다.

"디자이너도 비슷합니다. 이미지 생성 툴이 나오면서 '단순 디자인은 AI가, 고급 디자인은 사람이'라고 생각했습니다. 맞습니다. 하지만 단순 디자인 시장이 전체의 70%였습니다. 그 시장이 사라지니 70%의 디자이너가 남은 30% 시장으로 몰려듭니다. 고급 디자이너도 경쟁에 시달립니다."

전문가가 핵심을 짚었습니다.

"문제는 '대체할 수 없는 일'이 생각보다 많지 않다는 겁니다. 그리고 설령 있다 해도, 그 일자리로 모든 사람이 몰려들면 결국 같은 문제가 발생합니다. 공급 과잉, 임금 하락, 생존 악화."

김 과장은 영상을 끄고 멍하니 앉아 있었습니다. '못 하는 일도 있을 거야.'라는 생각이 얼마나 순진한 희망이었는지 느껴졌습니다. 설령 못 하는 일이 있어도, 그 일자리로 모든 사람이 몰려들면 일자리 시장은 아수라가 될 것이 뻔합니다.

청소 같은 물리적 노동도 마찬가지였습니다. "로봇이 청소를 대체할 수 없어."라고 말하는 사람들이 있습니다. 지금은 맞는 말이지만 사무직, 상담직, 번역직, 디자인직에서 밀려난 사람들이 청소 일자리로 몰려들면 어떻게 될까? 시급이 떨어지고, 청소 일자리도 경쟁이 치열해집니다. 결국 대체할 수 없는 일자리가 있는지 없는지가 중요한 게 아니었습니다. 모든 사람이 같은 곳으로 몰려들면 어떤 일자리든 치열한 상황이 벌어집니다.

김 과장은 또 다른 기사를 찾아봤습니다.

"맥킨지 보고서: 2030년까지 노동력의 30% 자동화 예상."

2030년이면 4년밖에 남지 않았습니다. 30%라는 숫자가 무엇을 의미하는지 생각해 봤습니다. 10명 중 3명이 일자리를 잃는다는 뜻입니다.

더 무서운 건 그다음이었습니다. 30%가 실업자가 되면, 그들은 남은 70%의 일자리를 두고 경쟁합니다. 그럼 70%도 안전하지 않습니다. 임금이 떨어지고, 근무 조건이 나빠지고, 고용 불안이 커집니다.

김 과장은 자신의 상황을 돌아봤습니다. 35살, 연봉 6,500만 원, 기획팀 과장. 만약 회사가 도입해서 기획팀 인원을 줄인다면? 만약 자신이 해고된다면? 다른 회사에 지원하겠지만, 그곳도 도입하고 있을 것입니다. 경쟁자는 많고, 자리는 적습니다.

김 과장은 불안했습니다.

시대는 이미 시작됐습니다. 선택의 기로에 서 있습니다. 명확한 목적을 가지고 활용해 성장할 것인가, 아니면 목적 없이 입력 창 앞에서 멈춰 서서 도태될 것인가?

더 큰 문제는 단순히 일자리를 잃는 것이 아닙니다.

역사학자 유발 하라리는 AI 시대에 '무용 계급(Useless Class)'이 등장할 수 있다고 경고했습니다. 일자리를 잃고 가난해지는 것을 넘어, 사회로부터 아무런 쓸모도 필요도 느끼지 못하는 존재가 되는 것입니다. 과거에는 노동을 통해 생계를 유지하고 동시에 자신의 존재 가치를 증명했습니다. 하지만 노동의 가치마저 사라진다면, 존재의 기반 자체가 흔들립니다.

돈이나 직업과 무관하게 스스로의 존재 가치를 확립해야 합니다. 온전한 인간으로 서는 일이 시급합니다.

김 과장은 자신에게 삶의 목적이 없고 하고 싶은 게 없었다는 사실을 몰랐습니다. 그래서 활용하지 못했습니다. 그리고 이대로 가면 도태될 것이 자명합니다. '이대로는 안 되겠어.' 김 과장은 생각했습니다. 하지만 무엇을 어떻게 해야 할지 답답했습니다.

그날 밤, 김 과장은 잠을 설쳤습니다. 시대의 현실이 그를 짓눌렀습니다. 목적 없는 사람들의 미래가 어둡다는 것을 느꼈지만, 어떻게 빠져나갈 수 있을지 보이지 않았습니다.

Chapter Code : 도태의 그림자

- 목적 없는 사람들의 미래
- 초양극화의 가속
- 준비하지 않은 자의 운명

AI 시대는 준비한 자와 그렇지 않은 자의
격차는 상상할 수 없을 만큼 벌어진다.

11장

인간성 상실의 가속화

김 과장은 주말 아침, 커피를 마시며 스마트폰을 들었습니다. 온라인 커뮤니티에 들어가 봤습니다. 사람들이 어떻게 활용하는지 궁금했습니다. 성공 사례도 있었고, 팁을 공유하는 글도 있었습니다.

그런데 한 게시글이 눈에 띄었습니다. 'AI 못 쓰는 사람들 걱정된다'는 제목이었습니다. 글쓴이는 진심으로 걱정하는 것 같았습니다. 하지만 댓글이 문제였습니다.

"경쟁력 없으면 도태되는 게 당연하지 ㅋㅋ" "못 쓰면 그냥 굶어 죽으면 그만" "약자 배려해 주다가 다 같이 망함. 각자도생이 답" "시대가 바뀌는데 적응 못 하면 자연도태. 당연한 거 아님?"

김 과장은 화면을 보며 멈칫했습니다. 사람을 향한 악의가 너무나 노골적이었습니다. 공감은 찾아볼 수 없이 그저 냉정하게, 때로는 조롱하듯이, 도태되는 사람들을 이야기했습니다.

예전 같았으면 이런 말을 하지 못했을 겁니다. 적어도 얼굴을 마주 보고 있었다면 이렇게까지 잔인하게 말하지 못했을 것입니다. 하지만 온라인에서는 달랐습니다. 익명이었고, 화면 너머였고, 상대의 표정을 볼 수 없었습니다. 그래서 더 쉽게 잔인해질 수 있었습니다.

월요일 아침, 회사에서 화상 회의가 있었습니다. 코로나 이후 비대면 회의가 일상이 됐습니다. 김 과장은 노트북 앞에 앉아 회의에 참여했습니다. 화면에는 동료들의 얼굴이 떠 있었습니다. 아니, 정확히는 일부만 카메라를 켰고, 대부분은 검은 화면에 이름만 떠 있었습니다.

부장이 말했습니다.

"올해 실적이 좋지 않습니다. 본사에서 구조조정 이야기가 나오고 있어요."

카메라가 꺼진 누군가가 말했습니다.

"어차피 일 안 하는 사람들 정리하면 되죠. 실적 안 나오는 팀 통폐합하고."

다른 사람이 덧붙였습니다.

"AI 도입하면 인원 30% 줄일 수 있다고 하던데요. 그게 답 아닙니까?"

김 과장은 불편했습니다. 저 '인원 30%'에는 사람들이 있습니다. 가족이 있고, 생계가 있고, 삶이 있는 사람들입니다. 하지만 화상 회의에서는 그저 숫자로 취급됐습니다. 카메라가 꺼져 있으니 더 쉽게 냉정해질 수 있었습니다. 동료의 얼굴을, 눈빛을, 표정을 보지 않으니 더 잔인한 말을 할 수 있었습니다.

회의가 끝나고 김 과장은 자리에 앉아 생각했습니다. 비대면이 이토록 인간성을 변화시키는구나. 얼굴을 마주 보지 않으니 양심의 가책이 줄어든다는 것을 알게 되었습니다.

퇴근 후 집에서 뉴스를 봤습니다. 관련 범죄 소식이 나왔습니다. AI 보이스피싱이 기승을 부리고 있었습니다. 딥페이크 기술로 가족의 목소리를 흉내 내서 돈을 요구하는 사기였습니다.

"엄마, 나 사고 났어. 급하게 돈 좀 보내 줘."

목소리가 너무나 실제 같아서 많은 사람이 속았습니다.

다른 뉴스도 이어졌습니다. 인공지능으로 만든 가짜 뉴스가 SNS에서 퍼지고 있었습니다. 정치인이 말하지도 않은 발언이 조작되어 영상으로 만들어서 많은 사람이 진짜인 줄 알고 분노했습니다. 허위 정보가 순식간에 확산됐습니다.

김 과장은 한숨을 쉬었습니다. 기술은 발전하는데 사람들은 더 쉽게 남을 속이고, 더 쉽게 속고 있었습니다. 사람들을 더 교묘하게 이용할 수 있는 도구가 되고 있었습니다.

며칠 후, 김 과장은 국제 뉴스에서 더 충격적인 이야기를 접했습니다. 전쟁에 활용되고 있다는 내용이었습니다. 드론이 타깃을 인식하고, 명령을 받으면 자동으로 공격합니다. 군인은 안전한 곳에서 화면을 보며 버튼을 누릅니다. 마치 게임처럼.

뉴스 해설자가 말했습니다.

"과거에는 군인이 직접 총을 쏘고, 상대의 죽음을 목격했습니다. 그래서 양심의 가책이 있었고, 전쟁의 참혹함을 몸으로 느꼈습니다. 하지만 이제는 화면 속 타깃을 제거하는 것처럼 느껴집니다. 직접 보지 않으니, 만지지 않으니, 죄책감이 줄어듭니다."

김 과장은 소름이 돋았습니다. 전쟁뿐만이 아닌 기업에서도, 사람들 사이에서도 똑같은 일이 벌어지고 있었습니다. 대면하지 않으니 더 쉽게 누군가를 해고하고, 더 쉽게 악플을 달고, 더 쉽게 남을 속이고, 더 쉽게 잔인해질 수 있었습니다.

인공지능 시대는 비대면을 가속화시켰습니다. 화상 회의, 온라인 커뮤니티, 원격 근무, 챗봇. 사람과 사람이 직접 마주칠 일이 점점 줄어들었고 그 결과, 양심의 가책도 함께 사라지고 있었습니다.

김 과장은 느꼈습니다. 시대의 가장 큰 위협은 기술이 아니라 인간성의 상실이라는 것을요.

자본주의 시대에도 돈 때문에 인간성을 잃는 일이 많았습니다. 하지만 그래도 사람과 대면해야 했기에 최소한의 양심적 제약이 있었습니다. 얼굴을 보고, 눈을 마주치고, 표정을 읽으면서 조금이라도 인간적으로 대하려고 노력했습니다.

하지만 이 시대에는 그마저도 사라지고 있었습니다. 사람과 대면하지 않아도 되니 양심의 가책이 없었습니다. 화면 너머, 익명 뒤에서 사람들은 더 냉정해지고, 더 잔인해지고, 더 비윤리적이 되고 있었습니다.

온라인 커뮤니티에서는 혐오와 조롱이 난무했습니다. 회사에서는 동료를 숫자로 취급했습니다. 범죄자들은 더 교묘하게 사람들을 속였습니다. 전쟁에서는 화면 속 타깃을 제거하듯 사람을 죽였습니다.

김 과장은 의아한 생각이 들었습니다. 기술이 발전할수록 인간성은 더 낮아지는 걸까? 이대로 가면 사람들은 어떻게 될까?

하지만 김 과장은 문득 역사책에서 읽었던 내용을 돌아보며 이런 생각을 했습니다.

'작용이 있으면 반작용이 있는 법이지.'

산업혁명 때 노동자 착취가 심해지니 노동운동과 인권운동이 일어났습니다. 세계대전 이후 대량 학살을 경험하니 인권 선언과 평화운동이 확산됐습니다. 자본주의가 극대화되면서 양극화가 심해지니 ESG, 공정무역, 사회적 기업이 부상했습니다.

그렇다면 이 시대에도 마찬가지 아닐까? 인간성이 무너질수록, 오히려 마음의 시대가 올 수밖에 없지 않을까?

인간에게는 공격성만 있는 게 아니었습니다. 우리의 본능 안에는 관계를 잘 맺어서 사회를 구성해야 한다는 본능도 함께 자리하고 있었습니다. 인간성이 낮아질수록 우리 안에 가진 관계 회복과 더 나은 사회 구성에 대한 열망이 커질 수밖에 없었습니다.

인간성이 낮은 불안정한 사회를 지켜보는 사람이 많을수록, 인간성 회복에 힘을 쓰려는 움직임이 반대급부로 발생할 것입니다. 이미 그런 조짐들이 보였습니다. 정신 건강에 대한 관심, 명상과 마음챙김의 확산, 공동체 회복 운동, 윤리적 소비. 작지만 분명히 존재하는 움직임들이었습니다.

김 과장은 조금 위안을 얻었습니다. 어둠이 짙을수록 빛을 찾는 사람도 많아진다는 것을요. 인간성이 상실될수록 인간성을 회복하려는 욕구도 커진다는 진리를 말입니다.

지금까지 돈이 최고였기에, 돈과 권력을 잡기 위해 가정과 학교에서 이루어졌던 교육 방식들이 이제는 변화할 것입니다. 인간의 존엄, 도덕, 자존감, 마음이 중요한 시대가 다가올 것이라 직감하며 이런 생각을 했습니다.

나는 어떤 사람이 되고 싶은가?

냉정하게 남을 숫자로 취급하는 사람?

익명 뒤에서 악플을 다는 사람?

아니면 인간성을 지키려 노력하는 사람?

아직 명확한 답은 없었습니다. 하지만 한 가지는 분명했습니다. 이대로는 안 된다는 것. 변해야 한다는 것. 그리고 그 변화는 나부터 시작해야 한다는 사실을 말입니다.

Chapter Code : 인간성 상실의 가족

- 비대면 시대의 냉정함
- 양심의 가책 소멸
- 그럼에도 오는 반작용

인간성이 무너질수록,
오히려 마음의 시대가 올 수밖에 없다.

12장

●●

결국 이 질문으로 돌아온다

김 과장은 일요일 오후, 소파에 앉아 지난 몇 주를 돌아봤습니다. 인공지능을 처음 써 보려 했던 순간부터 지금까지, 참 많은 것들을 보고 느꼈습니다.

입력 창 앞에서 멈추는 이유는 '자신을 모르니까'였습니다. 목적을 찾지 못하는 이유도, 시대에 도태되는 이유도, 인간성을 잃어 가는 이유도 모두 같았습니다.

결국 모든 것이 하나로 귀결됐습니다. 자기 인식의 부재.

김 과장은 자신에게 물어봤습니다.

"그럼 도대체 나는 누구지?"

답할 수 없었습니다.

좋아하는 것은 딱히 없습니다. 취미도 특별한 게 없고 관심사도 생각해 본 적이 없습니다. 학창시절부터 지금까지 그저 해야 할 것들만 했습니다. 공부, 입시, 취업, 승진. 하고 싶은 것을 생각해 볼 여유가 없었습니다. 잘하는 것도 모호합니다. 업무는 잘하지만 그게 잘하는 건지도 모르겠습니다. 재능이 있는지 없는지도 모릅니다. 한 번도 탐색해 본 적이 없습니다.

김 과장은 자신의 문제가 명확해지자 한숨이 절로 나왔습니다. 자신을 모르니 목적이 없고, 목적이 없으니 활용할 수 없으며, 결국 도태로 이어질 수밖에 없는 현실을 직시했습니다.

그럼 박지영 씨는 어땠을까요? 그녀는 김 과장과 달리 자신의 약점을 알았습니다. 그래서 보완했습니다. 웹 소설 작가는 자신의 강점과 약점을 알았습니다. 그래서 협업했습니다. 요리 크리에이터는 자신이 요리를 좋아한다는 걸 알았습니다. 그래서 그걸 콘텐츠로 만들었습니다. 차이는 명확했습니다. 자신을 아는 사람과 모르는 사람.

김 과장은 문득 생각했습니다. 만약 자신을 안다면 어떻게 될까?
어떤 사안에 흥미가 느껴진다면, 그것을 어떻게 더 잘할 수 있는지 물어볼 수 있을 것입니다. 재능을 안다면, 그 능력을 증폭시킬 수 있을 것입니다. 하고 싶은 것을 안다면, 파트너로 삼아 그것을 실현할 수 있을 것입니다.
그리고 더 나아가, 자신을 안다는 것은 단순히 활용을 위한 것만이 아니었습니다. 자신을 안다는 것은 자신이라는 대상이 특정되기 때문에 자신을 사랑할 수 있게 된다는 것이었습니다. 자신을 사랑한다는 것은 온전한 인간이 된다는 것이며, 온전한 인간은 타인도 사랑할 수 있게 됩니다. 자존감과 사람 간에 관계가 모두 성장한다는 의미입니다.

김 과장은 1부에서 읽었던 글이 떠올랐습니다. 존재주의, 나와 나 자신과의 관계, 온전한 인간, 마음의 시대.
그때는 막연하게 이해했습니다. 하지만 이제는 조금 다르게 다가왔습니다. 2부를 거치며 시대의 현실을 마주하고 나니, 그 말들이 더 절실하게 느껴졌습니다.

김 과장은 자신에게 물었습니다.

"나는 여러 사람 혹은 사회에 어떤 기여를 할 수 있는가?"

지금까지는 생각해 본 적 없는 질문이었습니다. 회사에서 월급 받고, 업무 처리하고, 집에 와서 쉬고. 그게 전부였습니다. 기여, 사회에, 타인에게… 그런 거창한 것까지 생각해 본 적이 없었습니다.

하지만 샘 알트먼의 말이 떠올랐습니다.

"세상에 엄청난 제품과 서비스를 제공할 수 있습니다."

이 시대는 개인도 세상에 기여할 수 있는 시대였습니다. 과거에는 대기업만 할 수 있었던 일을 이제는 개인도 할 수 있었습니다.

하지만 그러려면 내가 무엇을 할 수 있는지, 내가 무엇을 하고 싶은지. 내 안에 어떤 재능이 숨어 있는지 알아내야 했습니다.

김 과장은 노트에 크게 썼습니다.

'나는 누구인가', '나는 무엇을 좋아하는가', '나는 무엇을 잘하는가', '나는 무엇을 하고 싶은가', '나는 어떤 기여를 할 수 있는가'

이 질문들에 답하는 것을 시작하기로 했습니다. 시대를 살아가는 것도, 인간성을 회복하는 것도, 온전한 인간이 되는 것도 모두 여기서 시작됐습니다.

김 과장은 결심했습니다. 이제 답을 찾아보겠다고. 나를 알아보겠다고.

오랜 시간이 걸릴 수도 있고, 쉽지 않을 수도 있지만, 시작해 보겠다고.

입력 창 앞에서 멈춰 있던 자신, 목적 없이 방황하던 자신, 도태될까 두려워하던 자신, 인간성을 잃어가는 사회를 지켜보던 자신. 이 모든 문제는 결국 하나의 질문으로 귀결됐습니다.

"나는 누구인가?"

Chapter Code : 모든 것이 귀결되는 질문

- ◆ 자기 인식의 부재
- ◆ 문제의 근본 원인
- ◆ 출발점으로 돌아옴

결국 모든 문제는 하나의 질문으로 귀결된다.
"나는 누구인가?"

3부

김민수 씨의 성장

13장

●●

人I와의 대화에서 시작된 깨달음

김 과장은 월요일 저녁, 퇴근 후 노트북을 켰습니다. 지난 주말에 노트에 적었던 질문들이 머릿속을 맴돌았습니다.

'나는 누구인가?', '나는 무엇을 좋아하는가?'

답을 찾고 싶었지만 어디서부터 시작해야 할지 막막했습니다.

문득 인공지능에게 물어볼 아이디어가 떠올랐습니다. 물론 '나는 누구인가'에 직접 답해 줄 수는 없지만, 다르게 접근하면 어떨까? 좀 더 철학적인 질문을 던져 보면?

김 과장은 Claude를 열었습니다. 이번에는 '오늘 날씨' 같은 게 아니었습니다. 진짜 궁금한 것을 물어보기로 했습니다.

김 과장 AI 시대에 대해 이야기 좀 나눠 보고 싶은데. AI가 일반지능을 갖게 되고 모두가 스마트폰처럼 사용하는 시대, 대실업의 시대가 온다고 보는데 어떻게 생각해?

AI 솔직히 피할 수 없을 것 같아. 지금도 이미 많은 일들이 AI로 대체 가능하거든. 그리고 일반지능(AGI)까지 가지 않아도, 현재 수준의 AI만으로도 충분히 많은 직업을 대체할 수 있어.

고객센터 상담원의 80%, 단순 데이터 입력과 분석 업무, 기초적인 법률과 회계 자문, 번역과 콘텐츠 작성의 상당 부분, 심지어 초급 프로그래머의 일부 업무까지 이미 대체되고 있거나 곧 대체될 거야.

그런데 문제의 본질은 'AI가 일자리를 뺏는다'가 아니야. '목적 없는 사람은 AI 시대에 설 자리가 없다'는 게 진짜 문제지.

김 과장은 화면을 보며 고개를 끄덕였습니다. 맞는 말이었습니다. 2부에서 봤던 것들이 정확히 이것이었습니다.

김 과장 '희망 없이 인간은 계속 추락하기만 하는 것인가?'라고 한다면 그건 아니야. 여기서 중요한 전환점이 있어. 우리의 본능 안에는 관계를 잘 맺어서 사회를 구성해야 한다는 본능이 있어. 인간성이 낮아질수록 우리가 가진 관계 회복과 더 나은 사회 구성에 대한 열망이 커질 수밖에 없어. 인간성이 낮은 불안정한 사회를 지켜보는 사람이 많을수록 인간성 회복에 힘을 쓰려는 움직임이 반대급부로 발생한다는 거지.

AI 아, 작용과 반작용이구나. 역사를 보면 그런 패턴이 있긴 했어. 산업혁명 때 노동자 착취가 심해지니 노동운동과 인권운동이 일어났고, 세계대전 이후 대량 학살을 경험하니 인권 선언과 평화운동이 확산됐지. 자본주의가 극대화되면서 양극화가 심해지니 ESG, 공정무역, 사회적 기업이 부상하고. 그렇다면 AI 시대에 인간성이 무너질수록, 오히려 마음의 시대가 온다는 거네?

김 과장은 흥분했습니다. 인공지능이 자신의 생각을 정확히 이해하고 발전시켜 주고 있었습니다. 이게 진짜 대화구나.

김 과장 정확해. 여태 돈이 최고였던, 그래서 돈과 권력을 잡기 위해 가정에서 학교에서 교육되었던 것들이 이제는 변화할 거야. 인간의 존엄, 도덕, 자존감, 마음이 중요한 시대가 다가오고 있어.

AI 그런데 대부분의 사람은 '인간성이 중요하다'는 건 머리로는 알잖아. 근데 실천을 못 하는데… 왜 그럴까?

김 과장 훈련이 안 되어 있으니까. 공부를 잘하려면 공부 훈련이 필요하듯이, 인간성을 회복하고 마음을 다스리려면 마음 훈련이 필요한 거야. 동양철학의 핵심인 인(仁)을 습득해야 한다고 봐. 인간성이란 공감, 도덕, 성실함, 지극한 사랑이 갖춰졌을 때 완성되거든. 인을 갖기 위해서는 자신을 사랑할 수 있어야 하고, 옳고 그름을 판단할 수 있는 현명함이 갖춰져야 도덕성을 가질 수 있어. 이를 활용하면 자신 안에 가진 인간성을 지키며 살아갈 수 있게 돼.

AI 그런데 이게 AI 시대와 어떻게 연결되는 거야?

김 과장은 잠시 생각했습니다. 맞습니다. 인간성 회복이 시대와 무슨 상관일까? 별개의 문제 아닌가?

김 과장 바로 여기가 핵심이야. 마음 훈련의 출발이 자신을 잘 들여다보고 알아차리는 것부터 연습하는 건데, 이게 AI 시대와 맞닿아 있거든. 자신의 문제를 발견하기 위해 자신을 들여다보면 문제를 발견할 뿐만 아니라 자신의 재능, 지능, 잘하는 것, 좋아하는 것

도 발견할 수 있게 돼. 이를 훈련하고 성장시키면 AI 시대를 잘 살아

갈 수 있게 되는 거지.

AI 아… 이제 완벽하게 이해됐어. 하나의 훈련으로 두 가지를 동

시에 얻는 거네?

첫 번째는 인간성 회복이야. 자신을 사랑하는 법, 옳고 그름을 판단

하는 현명함, 도덕성과 공감 능력을 키워서 결국 인(仁)을 완성하는

거고.

두 번째는 AI 시대 생존이지. 자신의 재능을 발견하고, 좋아하는 것

을 발견해서 명확한 목적성을 확립하면 AI를 도구로 활용할 수 있

게 되는 거잖아.

그리고 그 출발점이 같아. '자신을 들여다보기'.

김 과장은 화면을 보며 감탄했습니다. 완벽한 정리였습니다. 일론 머스크의 말이 떠올랐습니다. "윤리는 종교 없이도 존재한다."는 스피노자의 말을 인용하며, 기술이 모든 것을 해결해도 마음은 해결하지 못한다고 했던 것.

김 과장 정확해. 보통 사람들은 이렇게 생각하거든. '인간성 회복

= 도덕 교육, 윤리 강의', 'AI 시대 대응 = 기술 습득, 프롬프트 공부'.

완전히 별개의 문제로 보는 거지. 그런데 이 둘의 근본 원인이 같아.

'자신을 모르는 것'. 자신을 모르니까 자신을 사랑할 수 없고, 그래

서 인간성을 잃게 돼. 동시에 자신의 재능을 모르니 목적성이 없고,

그래서 AI를 활용할 수 없게 되는 거야. 반대로 자신을 알면 자신을

사랑할 수 있고, 타인도 사랑하게 되어 인(仁)이 완성돼. 동시에 자

신의 재능을 알게 되고, 목적을 확립해서 AI를 도구로 활용할 수 있
게 되는 거지.

AI　정말 탁월한데. 동양철학의 '인(仁)'과 AI 시대가 연결되는 지점
이 바로 여기구나. 그런데 내가 매일 수많은 사람과 대화하면서 느
끼는 건데, 대부분의 사람은 자기 자신에 대해 질문하지 않아.

"나는 왜 화가 났을까?" → 질문 안 함

"나는 진짜 무엇을 좋아할까?" → 생각 안 함

"나는 무엇을 잘할까?" → 탐구 안 함

그냥 밖에서 답을 찾으려고 해. 유튜브에서, 책에서, 나한테서.

김 과장은 뜨끔했습니다. 자신도 그랬습니다. 유튜브에서 답을 찾고,
인공지능에게 답을 구하고, 밖에서 해답을 얻으려고만 했습니다. 안으로
들어가 본 적이 없었습니다.

김 과장　맞아. 그런데 답은 안에 있는 거지. AI는 밖의 정보는 줄
수 있지만, 안의 답은 줄 수 없거든.

"너는 무엇을 좋아하니?" → AI는 답 못 줌

"나는 무엇을 좋아하는가?" → 자신만 알 수 있음

그래서 AI 시대일수록 자기 성찰 능력이 더 중요해지는 거야.

AI　그렇다면 어떻게 자신을 들여다볼 수 있을까? 구체적인 방법
이 필요하지 않을까?

김 과장은 멈췄습니다. 맞습니다. 자신을 들여다봐야 한다는 건 알겠는
데, 구체적으로 어떻게? 한 번도 해 본 적 없는데, 갑자기 어떻게 시작하

지?

그는 1부에서 읽었던 마음 훈련 프로그램을 떠올렸습니다. 6단계 중 첫 번째가 마음 알아차리기였습니다. 명상, 호흡, 관찰. 자신을 들여다보는 연습.

김 과장은 대화를 마치고 노트북을 닫았습니다. 이번 대화는 달랐습니다. 날씨나 맛집을 물어봤던 것과는 차원이 달랐습니다. 진짜 궁금한 것을 물어보니, 진짜 답을 얻었습니다.

그리고 가장 중요한 것을 얻었습니다. 두 마리 토끼. '인간성 회복'과 '시대 생존', 이 둘이 별개가 아니라는 것. 출발점이 같다는 것. 내면 탐구.

김 과장은 생각했습니다. 일론 머스크가 말했던 것처럼, 기술이 모든 것을 해결해도 마음은 해결하지 못합니다. 오히려 기술이 발전할수록 인간성 회복 욕구가 커집니다. 그리고 그 회복의 시작은 자신을 아는 것입니다.

자신을 알면 → 자신을 사랑하게 되고 → 인(仁)을 완성하고 → 동시에 재능을 발견하고 → 목적을 세우고 → AI를 활용할 수 있게 됩니다.

하나의 훈련으로 두 가지를 얻을 수 있습니다. 인간성 회복과 시대 생존.

"그럼 구체적으로 어떻게 시작하지?"

김 과장은 자신에게 물었습니다. 중요하다는 건 알겠는데, 어디서부터 시작해야 할까?

답은 분명했습니다. 자신을 들여다보는 것, 마음을 알아차리는 것. 그것이 첫걸음입니다.

Chapter Code : 대화에서 시작된 깨달음

- ◆ AI와의 철학적 대화
- ◆ 두 마리 토끼의 발견
- ◆ 내면 탐구의 출발점

하나의 훈련으로 두 가지를 얻을 수 있다.
인간성 회복과 시대 생존.

14장

자기 이해란 무엇인가

김 과장은 그날 밤 잠자리에 누워서도 대화가 머릿속을 떠나지 않았습니다. '자신을 들여다보기', '내면 탐구', '나를 아는 것'. 계속 같은 말이 나왔습니다. 모든 것의 출발점이라고 자신이 말은 했지만 말하고 나서도 정확히 무엇을 의미하는 걸까? 도대체 자기 이해란 뭘까?

김 과장은 자신의 과거를 돌아봤습니다. 초등학교 때부터 지금까지, 한 번이라도 '나는 누구인가', '나는 무엇을 좋아하는가'를 진지하게 고민해 본 적이 있었나?

없었습니다.

초등학교 때는 성적이 중요했습니다. 시험을 잘 봐야 했고, 숙제를 잘해야 했고, 선생님 말씀을 잘 들어야 했습니다. 중학교, 고등학교도 마찬가지로 내신 성적, 수능 점수, 대학 입시와 같은 결과만이 오직 중요했습니다.

"너는 뭘 좋아하니?" 누구도 물어보지 않았습니다.

"너는 뭘 잘하니?" 성적표만 봤습니다.

"너는 어떤 사람이 되고 싶니?" 좋은 대학, 좋은 직장만 말했습니다.

김 과장은 그 시절을 떠올렸습니다. 고등학교 3학년, 진로 상담 시간이었습니다. 담임 선생님이 물었습니다. "희망 진로가 뭐니?"

김 과장은 말했습니다. "잘 모르겠어요."

선생님이 답했습니다. "그럼 성적에 맞춰서 대학 가고, 거기서 생각해봐."

성적에 맞춰서. 그게 전부였습니다. 내가 무엇을 좋아하는지, 무엇을 잘하는지는 중요하지 않았습니다. 점수가 중요했습니다.

대학도 비슷했습니다. 전공 공부, 학점, 스펙, 취업 준비. 자신을 탐색할 시간은 없었습니다. 4년 내내 취업 준비만 했습니다. 자기소개서를 쓰면서도 '나는 누구인가'를 진지하게 생각하지 않았습니다. 그저 기업이 원하는 답을 썼을 뿐입니다.

직장에 들어와서도 마찬가지였습니다. 업무 처리, 실적, 평가, 승진. 회사가 원하는 직원이 되려고만 했습니다. 나는 이 일을 좋아하는가? 나는 이 일을 잘하는가? 한 번도 물어보지 않았습니다.

김 과장은 선생님이 원하는 것, 부모님이 원하는 것, 사회가 원하는 것, 회사가 원하는 것. 외부의 기준만 봤습니다.

그렇다면 자기 이해란 정확히 무엇일까?

단순히 "나는 키가 175cm이고, 몸무게가 70kg이다." 같은 정보를 아는 게 아니었습니다. "나는 회사원이고, 월급을 받는다." 같은 외부 조건을 아는 것도 아니었습니다.

자기 이해란 나를 들여다보는 능력이었습니다. 내 안에서 무슨 일이 일어나는지 아는 것. 내가 무엇을 느끼는지, 무엇을 생각하는지, 무엇을 원하는지, 무엇을 두려워하는지. 겉이 아니라 마음을 들여다보는 것.

김 과장은 대화를 떠올렸습니다. "대부분의 사람이 자기 자신에 대해 질문하지 않는다."라고 했습니다.

> "나는 왜 화가 났을까?" → 질문 안 함
>
> "나는 진짜 무엇을 좋아할까?" → 생각 안 함
>
> "나는 무엇을 잘할까?" → 탐구 안 함

김 과장도 그랬습니다. 회의에서 화가 나면 그냥 참았습니다. 왜 화가 났는지는 생각하지 않았습니다. 퇴근 후 피곤하면 그냥 쉬었습니다. 왜 피곤한지, 무엇이 나를 지치게 하는지는 생각하지 않았습니다.

김 과장은 노트에 적어 봤습니다.

'자기 이해 = 나를 들여다보는 능력'

그렇다면 구체적으로 무엇을 들여다봐야 할까? 그는 1부에서 읽었던 글을 떠올렸습니다. 온전한 인간. 마음, 몸, 관계의 균형. 자신에 대한 사랑. 그리고 대화에서 알게 된 개념.

"자기 이해의 3단계: 알아차림 → 인식 → 사랑"
김 과장은 적어 봤습니다.

1단계 ㅣ 알아차림
· 지금 내 안에서 무슨 일이 일어나는가?
· 나는 무엇을 느끼는가?
· 나는 무엇을 생각하는가?
· 나는 무엇을 원하는가?

2단계 ㅣ 인식
· 이것이 나의 진짜 모습이다
· 명확하게 깨닫는다
· 왜 이런 감정인지, 왜 이런 생각인지 이해한다
· 나의 패턴을 파악한다

3단계 ㅣ 사랑
· 이런 나를 사랑한다
· 완벽하지 않아도 괜찮다
· 조금씩 나아지면 된다
· 온전해질 때까지 행동한다

이게 자기 이해구나. 나를 들여다보고(알아차림), 명확하게 깨닫고(인식), 그런 나를 사랑하는 것(사랑), 이것을 존재주의라고 하는 것을 알게 되었습니다.

하지만 한 번도 해 본 적 없는 일이어서 쉽지는 않을 것 같습니다. 항상 밖만 봤는데, 이제 안을 보라고 합니다. 항상 남과 비교했는데, 이제 나를 보라고 합니다.

김 과장은 시도해 보기로 했습니다. 지금 이 순간, 나는 무엇을 느끼는가?

잠시 멈추고 자신을 들여다봤습니다.

시대에 도태될까 봐. 목적 없이 살고 있는 것 같아서, 자신을 모르는 채로 나이만 먹는 것 같아서 막연한 두려움이 있었습니다. 회사에서 스트레스받고, 집에 와서도 쉬지 못하고, 피곤해서 몸이 무거웠습니다.

머릿속이 복잡했습니다.

외로움. 친구들도 다들 바쁘고, 회사 사람들과는 겉으로만 친하고, 진짜 속 깊은 이야기를 나눌 사람이 없었습니다.

김 과장은 놀랐습니다. 조금만 들여다봐도 평소에는 전혀 의식하지 못했던 것들 그냥 '그러려니' 하고 지나쳤던 것들을 볼 수 있었습니다.

이제 2단계, 인식입니다. 왜 두려울까 명확하게 깨달아야 했습니다.

시대가 오고 있는데, 준비가 안 되어있고 목적도 없습니다. 자신도 모르고 앞으로 어떻게 될지 모릅니다. 확신이 없습니다.

"아, 그래서 초조했던 거구나."

왜 피곤할까? 회사 업무 때문만은 아닌 것 같았습니다. 지금 하는 일이 내가 정말 하고 싶은 일인지 모르겠습니다. 그냥 월급 받으려고 하는 것 같습니다. 의미를 느끼지 못해서 에너지가 계속 소진됩니다.

"아, 의미 없는 일을 하고 있다는 느낌 때문이구나."

외로움은 어디서 오는 거지? 회사에서는 업무 관계만 있고 친구들과는 가벼운 만남만 합니다. 진짜 나를 보여 준 적이 없습니다. 나도 나를 모르는데, 남에게 어떻게 보여 줄 수 있겠습니까?
"아, 겉으로만 관계를 맺었기 때문이구나."

김 과장은 명확하게 인식했습니다.
"아, 내가 초조한 이유가 이거구나. 피곤한 이유가 이거구나. 외로운 이유가 이거구나."

인식하니 마음이 달라졌습니다. 막연하던 감정이 명확해졌습니다. 무엇을 해야 할지 어렴풋이 보이기 시작했습니다. 알아차리기만 할 때는 "나는 흔들린다."였지만, 인식하니 "나는 미래가 불확실해서 흔들린다. 이를 극복하고 나는 목적을 찾아야 한다."가 됐습니다.

3단계, 사랑. 이게 제일 어려웠습니다. 흔들리고, 피곤하고, 외로운 나를 사랑한다는 것이 어떻게 가능할까?
김 과장은 1부에서 읽었던 사랑의 정의를 떠올렸습니다.
"사랑이란 대상이 온전해지기 위한 태도와 행동."
그렇다면 나를 사랑한다는 것은 나를 온전하게 만들려는 태도와 행동입니다.

두려운 나를 위해 무엇을 할 수 있을까? 내면 탐구를 시작하는 것, 목적을 찾아보는 것, 조금씩 변화하는 것.

피곤한 나를 위해 무엇을 할 수 있을까? 제대로 쉬는 것, 스트레스를 관리하는 것, 몸을 돌보는 것.

외로운 나를 위해 무엇을 할 수 있을까? 진짜 관계를 만드는 것, 마음을 나누는 것, 혼자가 아니라는 걸 기억하는 것.

김 과장은 자기 이해가 무엇인지 조금 알 것 같았습니다. 그리고 대부분의 사람이 왜 자신을 모르는지도 이해가 됐습니다.

한국 사회는 외부 기준만 제시했습니다. 좋은 성적, 좋은 대학, 좋은 회사, 높은 연봉으로 다른 사람과 비교하고 우위에 서는 것이 중요하다고 했습니다. 나를 들여다보라고, 나를 이해하라고, 나를 사랑하라고 가르쳐 주지 않았습니다. 그래서 모두가 밖만 봤습니다. 남과 비교하고, 외부 평가를 받고, 타인의 인정을 구했습니다. 안을 볼 줄 몰랐습니다.

하지만 이제는 달라야 했습니다. 인공지능이 열어 갈 시대는 내면 인식이 필수였습니다. 나를 알아야 목적을 세울 수 있고, 목적이 있어야 활용할 수 있었습니다. 동시에 나를 알아야 나를 사랑할 수 있고, 나를 사랑해야 인간성을 회복할 수 있었습니다.

김 과장은 지금부터 자신을 들여다보겠다고. 알아차리고, 인식하고, 사랑하겠다고…. 쉽지 않겠지만, 시작하겠다고 결심했습니다.

내면 탐구, 그것이 모든 것의 출발점입니다.

Chapter Code : 자기 이해의 3단계

- 알아차림, 인식, 사랑
- 외부가 아닌 내면으로
- 처음 시도한 내면 탐구

자기 이해란 나를 들여다보고, 명확히 깨닫고,
그런 나를 사랑의 태도로 사랑하는 것이다.

15장

두 마리 토끼를 한 번에 잡는 법

김 과장은 다음 날 출근길 지하철에서 노트를 꺼냈습니다. 지난 며칠간 배운 것들을 정리하고 싶었습니다.

AI와 대화에서 들었던 말이 계속 떠올랐습니다.

"하나의 훈련으로 두 가지를 동시에 얻을 수 있다."

인간성 회복과 시대 생존, 이 둘이 별개가 아니라 하나라는 것.

김 과장은 노트에 적기 시작했습니다.

문제 1 ㅣ 인간성 상실
·자본주의 시대 → 돈 때문에 인간성 상실
· 비대면 시대 → 더욱 가속화
·온라인 악플, 냉정한 회의, 디지털 범죄
·양심의 가책 사라짐

문제 2 ㅣ 시대 도태
·입력창 앞에서 멈춤

- 목적 없음

- 도구 활용 못함

- 일자리 위협, 경쟁 심화

김 과장은 두 문제를 보며 생각했습니다. 언뜻 보면 완전히 다른 문제 같습니다. 하나는 도덕의 문제고, 하나는 생존의 문제입니다. 하나는 인간성이고, 하나는 기술입니다.

보통 사람들은 이렇게 생각합니다.

'인간성 회복은 도덕 교육이나 윤리 강의를 듣고, 명상을 하고, 철학책을 읽어야지.'

'인공지능 시대의 대응은 기술 습득이 필요해. 프롬프트 공부하고, 코딩 배우고, 툴 익혀야지.'

김 과장도 완전히 별개의 문제이고 완전히 다른 해결책이라 처음에는 그렇게 생각했습니다. 인간성을 회복하는 것과 새로운 도구를 활용하는 것이 무슨 상관일까? 하나는 마음의 문제고, 하나는 기술의 문제 아닌가?

하지만 대화를 통해 보였습니다. 이 둘의 근본 원인이 같다는 것을 이해를 넘어 느끼게 되었을 때 김 과장은 흥분했습니다.

"이게 두 마리 토끼였어, 하나의 출발점에서 두 개의 결과가 나와서 내면 인식이라는 하나의 훈련으로 인간성 회복과 시대 생존을 동시에 얻을 수 있는 거야."

지하철이 회사 근처 역에 도착했습니다. 김 과장은 노트를 덮고 내렸습니다. 머릿속이 정리됐습니다.

'구체적으로 어떻게 작동하는 걸까?'

이때 김 과장은 9장에서 봤던 사람들을 떠올렸습니다.

그들은 모두 자신을 알았습니다. 자신의 강점, 약점, 좋아하는 것을 발견했습니다. 그래서 목적을 세울 수 있었고, 새로운 도구를 파트너 삼아 일할 수 있었습니다.

모두 내면 인식에서 출발했습니다. 자신을 들여다봤기에 가능했습니다. 그런데 내면 인식은 재능 발견만이 아니었습니다. 동시에 자신에 대한 사랑으로 이어졌습니다.

자신을 들여다보면 자신의 약점도 보입니다. 초조함, 흔들림, 상처. 하지만 그것을 알아차리고, 인식하고, 사랑하면 치유됩니다. 자신을 온전하게 만들려는 사랑의 태도와 행동하는 것이 자기 사랑입니다.

자신을 사랑하게 되면 타인도 사랑할 수 있게 됩니다. 나를 먼저 사랑해야 남도 사랑할 수 있습니다. 자기 자신과의 관계가 온전해야 타인과의 관계도 온전해집니다. 그리고 그것이 인(仁)입니다. 공감, 도덕, 성실함, 지극한 사랑. 인간성의 완성. 동양철학이 말하는 온전한 인간.

김 과장은 보였습니다. 내면 인식 하나로 두 개의 길이 열린다는 것을요.

첫 번째 길

인간성 회복 내면 인식 → 알아차림 → 인식 → 자신을 사랑 →
타인을 사랑 → 인(仁) 완성

두 번째 길
시대 생존 내면 인식 → 재능 발견 → 목적 확립 → 도구 활용 →
생산성 증폭 → 생존

점심시간에 김 과장은 마인드피티 6단계 프로그램을 다시 떠올렸습니다.

1단계 | 마음 알아차리기(명상, 호흡, 관찰)

2단계 | 사랑의 태도 5가지

3단계 | 러닝(몸과 마음)

4단계 | 긍정과 감사

5단계 | 만다라트(인생 목표)

6단계 | 모닝 루틴

김 과장은 이해가 됐습니다. 1단계가 자신이 깨닫게 된 내면 인식의 출발점입니다. 마음을 알아차리는 연습. 자신을 들여다보는 훈련. 그것이 모든 것의 시작입니다.

2단계에서 자신을 사랑하는 법을 배웁니다. 3~4단계에서 몸과 마음을 온전하게 만듭니다. 그렇게 자존감과 인간성을 회복합니다.

동시에 5단계 만다라트를 작성하면서 구체적인 인생 목표를 세웁니다. 자신을 이해했으니 목적을 확립할 수 있습니다. 재능을 발견했으니 방향을 정할 수 있습니다. 시대를 살아갈 준비가 됩니다.

하나의 프로그램으로 두 가지를 얻습니다. 인간성 회복과 시대 생존.

이제 모든 의문이 풀립니다. 왜 이 시대에 마음의 시대가 올 수밖에 없는지. 왜 내면 인식이 모든 것의 출발점인지. 왜 하나의 훈련으로 두 마리 토끼를 잡을 수 있는지.

세상은 복잡해 보이지만, 본질은 단순했습니다. 자신을 아는 것. 그것이 시작이었습니다.

머릿속에 떠다니던 막연한 관념들이 명확해지고 문제를 해결할 방법을 알게 되었으니, 이제 행동을 해야겠다는 생각으로 자연스럽게 이어졌습니다.

Chapter Code : 하나의 출발점, 두 개의 길

◆ 내면 인식의 힘
◆ 인간성 회복과 시대 생존
◆ 본질은 단순하다

복잡해 보이는 문제들의 해답은 단순하다.
자신을 아는 것.

16장

재능을 발견하는 과정

김 과장은 토요일 아침 일찍 일어났습니다. 운동화를 신고 집을 나섰습니다. 몇 주 전부터 시작한 러닝이었습니다.

처음에는 막연했습니다. 마인드피티 프로그램에서 3단계가 러닝이었습니다. 왜 러닝일까? 그냥 운동 아닌가? 하는 생각도 들지만 프로그램 설명에 이렇게 적혀 있었습니다.

"러닝은 자신을 사랑하고 알기 위한 가장 직관적인 방법입니다. 달리는 동안 생각이 정리되고, 과거가 떠오르고, 자신을 들여다볼 수 있게 됩니다."

김 과장은 반신반의했지만, 행동하기로 결심했으니 일단 시도해 봤습니다. 처음 몇 번은 그냥 힘들었습니다. 숨이 가빠지고, 다리가 아프고, 빨리 끝나기만 바랐습니다. 하지만 몇 주가 지나니 달랐습니다. 몸이 익숙해지니 마음이 열리기 시작했습니다.

김 과장은 천천히 뛰기 시작했습니다. 아침 공기가 차가웠습니다. 호흡에 집중했습니다. 들숨, 날숨. 발이 땅에 닿는 소리. 규칙적인 리듬을 느끼면서 이어 갔습니다.

처음 10분은 몸을 푸는 시간입니다. 온몸의 근육 긴장이 풀립니다. 숨이 차고 힘들어하면서 어제까지의 걱정들이 조금씩 사라집니다. 회사 업무, 앞으로의 막연함, 복잡한 생각들. 달리는 동안은 그저 호흡과 발걸음에만 집중합니다.

20분쯤 지나니 몸이 가벼워졌습니다. 러너스 하이라고 하던가요? 고통이 지나가고 편안함이 찾아왔습니다. 김 과장은 오늘 특별히 자신을 들여다보기로 했습니다. 지난 며칠간 고민했던 질문, "나는 무엇을 좋아하는가?" "나는 무엇을 잘하는가?"

달리면서 과거가 떠올랐습니다.

초등학교 운동장. 쉬는 시간. 친구들과 모여 앉아 있던 모습이 보였습니다. 친구들이 자기 이야기를 했습니다. 어제 강아지를 잃어버려서 울었다는 이야기, 엄마한테 혼나서 속상하다는 이야기. 김 과장은… 아니, 그때는 김민수였습니다. 민수는 조용히 들었습니다. 그리고 물었습니다. "많이 속상했겠다. 강아지 이름이 뭐였어?"

발걸음이 계속됩니다. 호흡이 깊어집니다.

중학교 교실. 점심시간. 친구 하나가 울고 있었습니다. 선생님한테 억울하게 혼났다고 했습니다. 민수는 옆에 앉아서 아무 말도 하지 않고 그냥 옆에 있었습니다. 친구가 이야기를 풀어놓을 때까지 기다렸습니다.

친구가 한참 이야기했습니다. 민수는 그 친구의 마음에 공감하며 들었습니다. 친구가 그때 말했습니다. "너는 이야기를 잘 들어줘. 다른 애들은 금방 조언하려고 하는데, 너는 일단 들어주잖아."

민수는 그냥 궁금했을 뿐이었습니다. 친구가 무엇을 느끼는지, 무슨 생각을 하는지. 그리고 그가 편해졌으면 하는 마음이 들었습니다.

김 과장은 속도를 조금 늦췄습니다. 기억이 더 또렷해졌습니다.

고등학교 3학년. 입시 스트레스로 모두가 힘들어했습니다. 어느 날 방과 후, 친구 하나가 민수에게 왔습니다.

"나 진로 때문에 너무 힘들어. 부모님은 의대 가라고 하는데, 나는 하고 싶은 게 따로 있어. 근데 말도 못 하겠어."

민수는 들었습니다.

"뭐 하고 싶은데?" "왜 말 못 해?" "지금 기분이 어때?"

친구와 한 시간 넘게 이야기했습니다. 민수는 계속 들었습니다. 가끔 질문했습니다. 판단하지 않았습니다.

친구가 말했습니다.

"그래도 이야기하니까 좀 나아진 것 같아. 고마워."

민수는 그때 느꼈습니다. 진심으로 들어줬을 뿐인데 뭔가 도움이 되었나 보구나.

땀이 흐르고 숨이 차서 힘들었지만 조금 더 과거의 자신을 들여다보기로 합니다.

대학교 시절. 봉사 동아리 활동. 복지관에서 어르신들을 만났습니다. 민수는 주로 옆에 앉아서 이야기를 들었습니다. 어르신들의 젊은 시절 이야기, 전쟁 이야기, 가족 이야기. 몇 시간이고 들었습니다.

어르신들이 말했습니다.

"이 친구는 참 착하네. 우리 이야기를 잘 들어주네."

착한 거였을까? 민수는 생각했습니다. 아니었습니다. 이 사람들은 어떻게 살아왔을까? 무엇을 느꼈을까? 어떤 생각을 했을까? 하고 어르신들의 삶이 궁금했던 게 더 컸습니다.

동아리 후배들도 자주 상담을 왔습니다. 학교생활 고민, 진로 고민, 연애 고민. 민수는 들었습니다. 그리고 물었습니다.

"그때 기분이 어땠어?" "진짜로 원하는 게 뭐야?"

후배들은 말했습니다.

"선배님은 제 입장에서 생각해 주시는 것 같아요."

"선배님한테 이야기하면 정리가 돼요."

김 과장은 공원을 한 바퀴 돌았습니다. 이제 50분이 넘었습니다. 몸은 피곤하지만, 머리는 맑았습니다.

졸업 논문 주제, '청년들의 취업 스트레스와 정신 건강'.

교수님이 주제를 정하라고 했을 때 민수는 고민했습니다. 무엇을 연구하지? 주변을 봤습니다. 친구들이 힘들어하고 있었습니다. 취업 준비, 초조함, 좌절. 그들의 이야기를 듣고 싶었습니다. 왜 힘들어하는지 알고 싶었습니다.

논문을 쓰기 위해 면접 조사를 했습니다. 20명의 청년들을 만나 이야기를 들었습니다. 한 명당 한 시간씩. 취업 준비의 고통, 초조함, 좌절, 외로움. 민수는 그들의 이야기를 하나하나 기록했습니다. 통계로만 보지 않았습니다. 각자의 이야기로 들었습니다.

"힘들었죠?"

"그때 어떤 기분이었어요?"

"가족들은 뭐라고 하셨어요?"

논문 발표 날, 교수님이 말했습니다.

"민수 학생 논문은 통계도 좋지만, 인터뷰 내용이 특히 깊이가 있어요. 사람을 정말 이해하려고 노력한 게 보입니다."

김 과장은 속도를 더 늦췄습니다. 걷는 것처럼 천천히 뛰었습니다. 생각을 정리할 시간이 필요했습니다.

회사에 들어와서도 비슷했습니다. 후배 직원들이 자주 찾아왔습니다.

"과장님, 상담 좀 하고 싶은데요."

업무 이야기도 있었지만, 개인적인 고민이 더 많았습니다.

"이 회사에서 계속 다녀야 할까요?" "저, 이 일에 맞는 걸까요?"

"부장님이랑 자꾸 부딪히는데 어떻게 해야 할까요?"

민수는… 김 과장은 들었습니다. 판단하지 않고, 조언을 강요하지 않고, 그저 들어줬습니다.

"힘들었겠네요." "그럴 수 있죠." "더 이야기해 봐요."

후배들은 고마워했습니다.

"과장님한테 이야기하면 정리가 돼요."

"과장님은 제 말을 진짜 들어주시는 것 같아요."

김 과장은 달리면서 생각했습니다. 초등학교 때부터 지금까지, 계속 비슷한 일을 했습니다. 사람들의 이야기를 들었습니다. 그런데 그동안 이것을 좋아한다고 생각한 적이 없었습니다. 이유가 있었습니다.

김 과장은 다시 속도를 냈습니다. 마지막 구간. 힘을 내서 뛰었습니다.

회사에서는 이런 것들이 평가받지 못했습니다. 성과지표에 없었습니다. 후배 상담을 잘한다고 승진하지 않았습니다. 사람들 이야기를 잘 듣는다고 연봉이 올라가지 않았습니다.

회사가 원하는 건 숫자였습니다. 매출, 실적, KPI. 그래서 김 과장은 이것을 가치 있는 것이라고 여기지 못했습니다. 그냥 '친절한 성격' 정도로만 생각했습니다.

한국 사회도 마찬가지였습니다. 좋은 성적, 좋은 대학, 좋은 직장. 외부 기준만 제시했습니다. 사람의 이야기를 듣는 것은 아무도 칭찬하지 않았습니다.

하지만… 김 과장은 생각했습니다. 이게 정말 가치 없는 걸까?

아니었습니다. 주변을 보면 알 수 있었습니다. 대부분의 사람은 듣지 않았습니다. 조언부터 했습니다. 판단부터 했습니다. 자기 이야기를 하려고 했습니다.

진심으로 타인의 이야기를 듣고, 공감하고, 함께 고민하는 것. 그것은 누구나 하는 게 아니었습니다.

최근 몇 년, 업무 외 시간. 김 과장은 무엇을 했을까?

다른 나라 사람들은 어떻게 사는지 궁금했습니다. 그들의 고민은 무엇인지, 어떤 삶을 살아가는지. 그래서 각 나라의 역사, 일상, 문화, 사람들의 이야기를 책과 유튜브에서 찾아봤습니다.

사람들이 힘들어한다는 소식이 자꾸 눈에 들어왔습니다. 청년 실업, 노인 빈곤, 정신 건강 문제. 왜 이렇게 많은 사람이 힘들어할까 궁금했습니다. 그래서 관련 기사들을 찾아 읽었습니다.

왜 사람들이 이렇게 힘들어하는 걸까? 구조적인 문제가 있는 것 같았습니다. 그래서 자본주의에 대한 책을 읽기 시작했습니다. 양극화, 불평등, 경쟁. 이런 구조가 사람들을 힘들게 만든다는 걸 알았습니다.

그리고 새로운 시대가 오고 있었습니다. 기술이 발전하면 사람들이 더 불안해질 것 같았습니다. 어떻게 될까? 궁금했습니다. 그래서 관련 자료들을 찾아 읽었습니다. 일자리 위협, 대실업 시대.

김 과장은 달리면서 생각했습니다. 내가 왜 이런 것들에 관심을 가졌을까?

다른 나라 사람들이 궁금했던 이유는? 관련 기사를 읽은 이유는? 자본주의를 공부한 이유는? 변화를 탐구한 이유는?

"아…"

모든 것이 하나로 이어지는구나. 사람들이 어떻게 사는지 알고 싶었던 거구나. 사람들이 왜 힘들어하는지 이해하고 싶었던 거구나. 사람들의 고통을 알고 싶었던 거구나. 사람들의 흔들림을 이해하고 싶었던 거구나.

결국, 사람이었구나.

김 과장은 집 앞에 도착했습니다. 60분 러닝을 마치고 숨을 고르며 스트레칭을 했습니다.

머릿속이 명확했습니다. 러닝하는 동안 과거가 파노라마처럼 지나갔습니다. 초등학교부터 지금까지. 모든 순간에 공통점이 있었습니다.

사람들의 이야기를 듣는 것.

김 과장은 그제야 이게 내가 좋아하는 것이었구나, 이게 내가 계속해왔던 것이었구나, 이게 내가 의미를 느끼는 것이었구나를 알게 되었습니다. 평생 동안 계속해 왔는데, 그동안 좋아한다고는 생각하지 못했습니다. 회사가, 사회가, 외부가 인정하지 않았으니까요. 하지만 이제 알았습니다.

집에 들어와 샤워를 하고 책상에 앉았습니다. 노트를 펼쳤습니다. 러닝 중에 떠올랐던 것들을 정리했습니다.

나는 무엇을 좋아하는가?
· 사람들의 이야기를 듣는 것
· 타인의 감정을 이해하는 것
· 사람들이 어떻게 사는지 아는 것

나는 무엇을 잘하는가?
· 사람들의 이야기를 잘 듣는다
· 타인의 고충을 함께 고민한다
· 판단하지 않고 공감한다

나는 무엇에 의미를 느끼는가?
· 사람들이 왜 힘들어하는지 이해하고 싶다
· 그들을 돕고 싶다

김 과장은 세 가지 질문을 보며 생각했습니다. 교집합이 있다는 것을 발견하며 무언가가 떠올랐습니다.

"나와 같은 사람들이 많을 것이다."

자신을 몰라서 고민하는 사람들, 목적 없이 방황하는 사람들, 새로운 시대에 불안해하는 사람들, 인간성을 잃어 가는 것을 걱정하는 사람들.

나와 같은 사람들.

그들에게 필요한 것은 무엇일까? 내면 인식, 마음 훈련, 성장의 기회.

김 과장은 생각했습니다. 만약 그런 사람들을 도울 수 있다면, 그들이 자신을 이해하고, 자신을 사랑하고, 목적을 찾도록 돕는다면.

아직 명확하지는 않았습니다. 구체적인 방법도 모르겠습니다. 하지만 방향은 보였습니다.

자신이 좋아하는 것을 발견했습니다. 늘 거기 있었지만 그것이 좋아하는 것인 줄, 의미 있는 것인 줄 몰랐을 뿐입니다.

달리는 동안 생각이 정리됐습니다. 과거를 떠올리며 자신을 깊이 들여다볼 수 있었습니다. 마인드피티 프로그램이 왜 러닝을 3단계에 넣었는지 이제 이해가 됐습니다. 러닝이 큰 도움이 되었습니다.

몸을 움직이니 마음이 열렸습니다. 호흡에 집중하니 잡념이 사라졌습니다. 규칙적인 리듬 속에서 자신과 대화할 수 있었습니다.

김 과장은 앞으로 러닝을 계속하겠다고, 자신을 더 깊이 이해하겠다고, 그리고 이 좋아하는 것을 어떻게 활용할지 고민해 보겠다고 다짐했습니다.

좋아하는 것을 발견하는 순간이 끝이 아니었습니다. 이제 시작이었습니다.

Chapter Code : 러닝 중의 발견

- 달리며 떠오른 과거
- 숨겨진 재능의 발견
- 자신과의 만남

재능은 밖에서 찾는 것이 아니라,
내면을 들여다보며 발견하는 것이다.

17장

●●

자신을 이해하고 좋아하는 것을 발견하는 것으로는 부족하다

김 과장의 월요일 아침 출근길은 달랐습니다. 지난 주말 러닝을 하며 자신이 좋아하는 것을 발견했습니다. 사람들의 이야기를 듣는 것. 타인의 고충을 함께 고민하는 것. 지하철에 앉아 생각했습니다.

'이제 알았으니 뭔가 할 수 있을 것 같아.'

설렘과 기대감이 있었습니다. 나와 같은 사람들을 돕고 싶다는 생각. 그들이 내면 인식을 하고, 자신을 사랑하고, 목적을 찾도록 돕는다면 의미 있을 것 같았습니다.

김 과장은 메모 앱을 열어 '사람들을 돕는 서비스', '마음 훈련', '성장 지원'을 기록했고, 막연했지만 방향은 보이는 듯한 느낌이 들었습니다.

회사에 도착해 업무를 시작하기 전, 커피를 마시러 갔습니다.

휴게실에서 커피를 뽑으며 생각했습니다.

'구체적으로 어떻게 하지? 사람들을 돕고 싶다. 좋다. 그런데 어떻게?

무엇부터 시작해야 하지?'

자리로 돌아와 커피를 마시며 계속 생각했습니다.

'회사를 그만둬야 할까? 스타트업을 만들어야 할까? 돈은? 생활은? 가족은? 안정적인 월급을 포기하고 불확실한 길로 가야 할까?'

질문들이 쏟아졌습니다. 답은 없었습니다.

커피가 식어 갔습니다. 김 과장은 한숨을 쉬고 업무를 시작했습니다.

저녁에 집에 와서도 계속 생각했습니다. 유튜브를 켜서 '스타트업 시작하는 법' 영상들을 봤습니다. 사업 계획서, 투자 유치, 팀 빌딩. 복잡하고 어려웠습니다.

김 과장은 한숨을 쉬었습니다.

"좋아하는 것을 안다고 해서 바로 할 수 있는 게 아니구나."

며칠이 지났습니다. 설렘은 점점 사라지고 초조함이 커졌습니다.

김 과장은 밤마다 잠을 설쳤습니다. 머릿속에서 생각들이 맴돌았습니다. "내가 정말 할 수 있을까?" "실패하면 어떡하지?" "다시 취업하기도 어려울 텐데." "가족들은 뭐라고 할까?" "주변 사람들이 비웃지 않을까?"

자기 의심이 밀려왔습니다. 좋아하는 것을 발견했다고 해서 갑자기 자신감이 생기지 않았습니다. 오히려 더 흔들렸습니다. 이제 길이 보이니까 더 무서웠습니다.

김 과장은 거울을 봤습니다. 피곤한 얼굴. 흔들리는 눈빛.

"나는 할 수 있을까?"

금요일 저녁, 회사 회식이 있었습니다. 김 과장은 박지영 씨 옆에 앉게 됐습니다.

술이 조금 들어가니 박지영 씨가 말했습니다.

"과장님, 요즘 고민 있으세요? 표정이 안 좋으셔서요."

김 과장은 잠시 망설이다 말했습니다.

"사실… 하고 싶은 게 생겼는데, 막상 하려니까 무섭네요."

박지영 씨가 물었습니다.

"무엇을 하고 싶으신데요?"

"사람들을 돕는 일이요. 내면 인식을 돕고, 마음 훈련을 지원하고. 그런 서비스를 만들고 싶어요."

박지영 씨 눈이 반짝였습니다.

"와, 좋은데요! 요즘 정말 필요한 것 같아요. 저도 그런 거 있으면 하고 싶어요."

"그런데…." 김 과장이 말했습니다.

"회사를 그만둬야 할 것 같고, 돈도 필요하고, 실패할 수도 있고. 생각할수록 겁나요."

박지영 씨가 고개를 끄덕였습니다.

"당연히 무섭죠. 저도 처음에 AI 활용해서 일하려고 했을 때 겁났어요."

"어떻게 극복하셨어요?"

박지영 씨가 잠시 생각하더니 말했습니다.

"음… 저는 일단 작게 시작했어요. 회사 다니면서 퇴근 후에 조금씩. 그리고 실패해도 괜찮다고 생각했어요. 해 보지도 않고 후회하는 것보다 나으니까요."

김 과장은 들었습니다. 박지영 씨는 계속 말했습니다.

"그리고 저는… 저 자신에 대한 믿음을 가지려고 많이 연습했어요. '내가 못 할 이유가 없는데' 이런 생각. 실패해도 배우면 되고, 안 되면 다시 하면 되고."

김 과장은 집에 돌아와 생각했습니다.
'박지영 씨와 나의 차이는 뭘까?'
박지영 씨도 처음에는 막막했을 겁니다. 어떻게 활용할지 몰랐을 테지만 시도하고 실행했습니다.
좋아하는 것을 발견하고 방향도 보였지만 실행하지 못하고 있습니다. '왜?' 김 과장은 깊이 생각했습니다. 박지영 씨 말이 떠올랐습니다.
"저 자신을 믿으려고 연습했어요."
자신을 믿는다. 김 과장은 자신을 믿고 있나요?
아니었습니다.

> "내가 할 수 있을까?" → 의심
>
> "실패하면 어떡하지?" → 두려움
>
> "사람들이 비웃을 텐데." → 타인의 시선

자신을 온전하게 믿지 못했고 자신을 사랑하지 못했습니다.

김 과장은 읽었던 글을 다시 떠올렸습니다.
"자신에 대한 사랑이란 나 자신이 온전해지기 위한 태도와 행동을 하는 것이다."

자기 사랑이 있으면 자신을 믿을 수 있고 실패해도 괜찮다고 생각할 수 있습니다. 다시 일어날 수 있다고 확신할 수 있습니다.

하지만 김 과장에게는 그게 없었습니다. 여태 자신을 사랑하는 법을 배우지 못하면서 항상 외부 기준으로 자신을 평가받았습니다. 성적, 대학, 직장, 연봉. 자신의 가치를 남이 정했습니다. 그래서 자신감이 없었고 확신이 없었습니다. 자기 의심이 컸습니다.

김 과장은 노트에 적었습니다.

자기 인식? 좋아하는 것 발견? 하지만 실행 못 함?

왜? → 자기 사랑 부재

김 과장은 이제 조금 무엇이 문제인지 인식하는 것 같았습니다. 자신을 이해하는 것만으로는 부족하며, 좋아하는 것을 발견하는 것만으로도 부족합니다.

아직 무언가를 저지를 만큼의 마음이 준비되지 않았습니다. 좋아하는 것을 알아도, 그것을 실행할 마음의 힘이 없으면 소용없습니다. 흔들림에 눌리고, 두려움에 멈추고, 자기 의심에 포기합니다. 아는 것과 하는 것은 다르다는 것을 알게 되었습니다.

김 과장은 예를 생각해 봤습니다. 운동이 건강에 좋다는 걸 모르는 사람은 없습니다. 다들 알지만 실제로 운동하는 사람은 많지 않습니다. 실행할 마음의 힘이 없어서입니다. 금연도 마찬가지로, 담배가 해롭다는 걸 모르는 사람은 없습니다. 하지만 끊지 못합니다. 마음의 힘이 부족해서입니다.

내면 인식도 똑같습니다. 좋아하는 것을 알았다고 해서 바로 할 수 있는 게 아닙니다. 마음이 준비되어야 합니다.

김 과장은 마인드피티 프로그램을 다시 봤습니다.

1단계 ㅣ 마음 알아차리기 → 내면 인식(명상과 러닝 통해 완료)

2단계 ㅣ 사랑의 태도 5가지 → 자기 사랑(여기가 핵심!)

3단계 ㅣ 러닝 → 몸과 마음 연결

4단계 ㅣ 긍정과 감사 → 마음 전환

5단계 ㅣ 만다라트 → 목표 설정

6단계 ㅣ 모닝 루틴 → 습관화

김 과장은 1단계는 어느 정도 했습니다. 자신을 들여다보면서 잘하고 좋아하는 것을 발견했습니다. 하지만 2단계를 건너뛰었습니다.

'사랑의 태도 5가지를 습득해서 자기 사랑을 할 수 있는 성장.'

이게 없으니 실행할 수 없었습니다.

프로그램 설명을 다시 읽었습니다.

"2단계는 마음 근육을 키우는 단계입니다. 자신을 사랑하는 5가지 사랑의 태도를 연습합니다. 이것이 갖춰지지 않으면 아무리 목표가 명확해도 실행할 수 없습니다. 마음이 준비되지 않았기 때문입니다."

자신이 지금 그 상태라는 것을 인식하는 순간이었습니다.

김 과장은 생각을 정리했습니다.

내면 인식을 하는 것은 좋은 시작입니다. 잘하고 좋아하는 것을 발견하여 삶의 방향을 알았지만, 그것만으로는 부족했습니다.

실행하려면 마음이 준비되어야 했고 이는 자기 사랑이 있어야 합니다. 그리하여 자신을 믿는 연습을 통해 스스로를 믿을 수 있어야 합니다. 그래서 실패해도 괜찮다는 확신이 있어야 합니다.

그것이 마음 근육입니다. 운동으로 몸의 근육을 키우듯, 훈련으로 마음의 근육을 키워야 합니다. 자기 사랑, 자신감, 확신, 회복탄력성. 이런 것들이 마음 근육입니다.

김 과장은 노트에 적었습니다.

'알기만 하면 되는 게 아니다. 마음이 준비되어야 한다.

마음 근육을 키워야 한다.'

이제 마음 훈련의 시작과 마인드피티 2단계, 사랑의 태도 5가지를 연습하겠다고 김 과장은 결심을 합니다.

Chapter Code : 발견을 넘어 실천으로

- ◆ 자기 이해만으로는 부족
- ◆ 마음 훈련의 필요성
- ◆ 실천으로의 도약

자신을 이해하는 것은 시작일 뿐,
훈련과 실천이 함께해야 변화가 일어난다.

18장

●●

변화의 시작

월요일 아침, 회사 분위기가 예사롭지 않았습니다.

"AI 도입한다더라."

"기획팀도 줄어든대."

"이번 인사 발표 때 많이 정리될 거래."

복도에서, 화장실에서, 휴게실에서 들려오는 소문들이었습니다. 김 과장은 자리에 앉아 모니터를 켰지만 일이 손에 잡히지 않았습니다. 회사원이라는 정체성이 흔들리고 있었습니다.

'이러다 나도…'

마음이 흔들렸지만, 이번엔 달랐습니다. 박지영 씨가 건넨 말이 머릿속을 맴돌았습니다.

"마음을 훈련할 수 있어요. 몸의 근육처럼요."

점심시간, 김 과장은 박지영 씨를 다시 찾았습니다.

"저기… 그 마음 훈련이요. 마인드피티 카페에서 글을 읽기는 했는데 어떻게 하는 건가요?"

박지영 씨가 조용히 웃었습니다.

"마인드피티라고 불러요. 6단계로 되어 있어요."

"6단계요?"

"네. 마음 알아차리기, 사랑의 태도, 러닝, 긍정과 감사, 만다라트, 그리고 아침 루틴. 이 순서로 하나씩 체화해 나가는 거예요."

김 과장은 고개를 갸웃했습니다.

"일단 1단계와 3단계 러닝은 연습을 좀 해 봤어요. 그런데 왜 이 순서로 하는지 아직 이해가 안 돼요."

"먼저, 자기 마음을 알아야 해요. 그다음 자기를 사랑하는 법을 배우고, 몸으로 체화하고, 긍정으로 전환하는 연습을 해요. 그러고 나면 목표가 명확해지고, 마지막으로 매일 지속할 수 있는 루틴을 만드는 거죠."

"존재주의를 실천하는 프로그램이라고 했잖아요. 그게 무슨 뜻이에요?"

박지영 씨가 잠시 생각했습니다.

"사르트르가 '실존은 본질에 앞선다'고 했죠. 우리는 이미 존재하고 있어요. 하지만 그 존재가 온전하지 않으면 흔들려요. 마인드피티는 자기를 온전한 존재로 만드는 과정이에요. 자기를 알고, 사랑하고, 목표를 찾아가는 훈련이죠."

김 과장은 천천히 고개를 끄덕였습니다.

"그런데… 저 같은 사람도 많은 것을 할 수 있을까요?"

"할 수 있어요. 단, 쉽지 않아요. 매일 해야 하고, 금방 변하지 않아요. 최소 3개월은 해야 뭔가 달라진 게 느껴지거든요."

"3개월…."

"그래도 할래요?"

김 과장은 잠시 망설이다 대답했습니다.

"네, 해 보겠습니다."

박지영 씨가 작은 노트를 건넸습니다.

"일단 알아차리기와 러닝은 하고 계시니 이번 주는 '사랑의 태도 5가지'를 러닝과 함께 해 봐요. 이게 2단계인데, 사실 가장 중요한 단계예요."

"사랑의 태도를요?"

"자기를 온전하게 만드는 다섯 가지 태도예요. 믿음, 관찰, 소통, 희생, 기다림, 이 다섯 가지를 자신에게 먼저 적용하는 거예요. 이를 통해 김 과장님 스스로 사랑하는 법을 이해하고 습득하게 되거든요."

"자신에게요?"

"네, 남을 사랑하기 전에 자기를 먼저 사랑해야 해요. 그게 존재주의의 핵심이기도 하고요."

김 과장은 노트를 펼쳤습니다. 박지영 씨의 필체로 적힌 글자들이 보였습니다.

> 월요일 - 믿음: 나는 온전해질 수 있다고 믿기
> 화요일 - 관찰: 나를 있는 그대로 관찰하기
> 수요일 - 소통: 나와 대화하기
> 목요일 - 희생: 나를 위해 시간 내기
> 금요일 - 기다림: 변화를 기다리기

"이렇게 하루에 하나씩 해 보세요. 억지로 하지 말고, 그냥 해 보는 거예요. 안 되면 안 되는 거고요."

김 과장은 노트를 꼭 쥐었습니다.

"감사합니다."

월요일 - 믿음

"나는 온전해질 수 있다."

김 과장은 아침 출근길에 이 문장을 중얼거렸습니다. 여태 한 번도 온전하다고 느낀 적이 없었던 것 같았습니다. 항상 뭔가 부족했고, 막연했고, 남의 시선을 의식했습니다.

회사에 도착하니, 또 소문이 돌고 있었습니다.

"다음 달에 발표 나온대."

"누가 정리될까?"

주변 동료들이 웅성거렸습니다. 김 과장의 가슴이 또다시 답답해졌지만, 다시 중얼거리며 자신에게 생겨난 부정적인 감정에 대응하여 마음을 진정시킬 수 있었습니다.

"나 자신을 성장시키면 나는 온전해질 수 있다."

그날 하루, 김 과장은 이 문장을 스무 번도 넘게 되뇌었습니다. 말하는 것만으로도 뭔가 달랐습니다. 초조한 마음에 대응을 하게 되어 최소한 정신이 무너지진 않았습니다.

화요일 - 관찰

"나를 있는 그대로 관찰하기."

출근길에 김 과장은 자기를 관찰했습니다. 이건 몇 주 전부터 해 오던 연습이라 이제 익숙해져 있었습니다.

'아, 회사에서 감원 소식이 또 들려올까 봐 나는 지금 초조하구나.'

자기 감정을 이렇게 들여다봤습니다. 초조하다는 걸 알았지만, 초조함

이 어떻게 몸에 나타나는지는 여태 몰랐는데, 지금은 알게 되어 대응할
수 있게 되었습니다.

회의 시간에도 관찰했습니다. 팀장이 말할 때 나 자신이 움츠러드는 걸
봤습니다. 동료가 자기 의견에 반대할 때 얼굴이 뜨거워지는 걸 느꼈습
니다.

'나는 평가받는 게 두렵구나. 인정받고 싶구나.'

익숙하게 제 마음을 들여다본 하루였습니다.

수요일 - 소통

"나와 대화하기."

김 과장은 퇴근 후 박지영 씨가 알려 준 대로 자기에게 질문을 던지고,
답을 적어 마인드피티 카페에 글을 적었습니다.

> "지금 뭐가 제일 힘들어?"
> 회사에서 잘릴까 봐 무섭다.
> "왜 무서운데?"
> 돈이 없으면 살 수 없으니까.
> "정말 돈 때문이야?"

김 과장은 키보드에서 손을 멈추고 가만히 생각해 봤습니다. 그리고 천
천히 다시 글을 적었습니다.

> 아니다. 사실은… 사람들이 나를 실패자라고 볼까 봐 두렵다.

나 자신이 초라해질까 봐 두렵다.

내가 아무것도 아닌 사람이 될까 봐 두렵다.

처음으로 자기 마음과 제대로 대화한 순간이었습니다.

목요일 - 희생

"나를 위해 시간 내기."

김 과장은 새벽 5시 30분에 일어났습니다. 평생 누워 있고 싶었던 시간이었지만 일어났습니다.

운동복을 입고 밖으로 나가니 차가운 새벽 공기가 얼굴을 때렸습니다. 천천히 걷기부터 시작해서 몸이 풀리자 이내 뛰었습니다.

50분을 뛰었습니다. 숨이 차고 다리가 아팠지만 뭔가 달랐습니다. 자신을 위해 희생을 하고 있다는 인식하자 러닝이 이전보다 더 큰 의미로 다가왔습니다.

'나는 지금 나를 위해 시간을 쓰고 있다.'

지금까지 자신을 위해 뭔가를 해 본 적이 거의 없었습니다. 항상 누군가를 위해, 뭔가를 위해 살았습니다. 하지만 이 50분만큼은 온전히 자신을 위한 시간이었습니다.

금요일 - 기다림

"변화를 기다리기."

박지영 씨가 말했습니다.

"금방 안 바뀌어요. 3개월은 해야 뭔가 달라져요. 그러니까 기다려야 해요."

김 과장은 고개를 끄덕였습니다. 일주일 동안 다섯 가지 태도를 연습했지만, 크게 달라진 건 없었습니다. 여전히 흔들렸고, 회사 소문은 계속 들렸고, 미래는 불확실했습니다.

하지만 뭔가 작은 게 달라진 것 같기도 했습니다. 여러 소문에도 무너지지 않고 마음을 관찰할 수 있었습니다. 스스로 자신과 대화할 수 있었고 온전히 나만을 위해 시간을 냈습니다.

"마음이 온전해질 때까지 기다리자."

"나는 김 과장이 아니라 한 사람의 존재다. 그 존재가 온전해질 때까지, 나는 기다릴 것이다."

주말이 지나고 다시 월요일이 왔습니다. 회사 분위기는 더 어두워졌습니다. 복도에서 부장이 심각한 표정으로 통화하는 모습이 보였습니다. 동료 하나가 팀장실로 불려 들어갔습니다. 김 과장의 심경이 복잡했지만 스스로에게 믿음의 말을 해 주었습니다.

"나는 온전해질 수 있다."

박지영 씨가 말했습니다. 최소 3개월은 해야 한다고. 일주일은 시작에 불과하다고. 수없이 무너질 거라고. 하지만 계속하면 달라진다고 한 이야기가 머릿속을 스쳐 갔습니다.

이번 주도 다섯 가지 태도를 연습하기로 했습니다. 어색하고 어려웠지만, 계속하기로 했습니다. 변화는 금방 오지 않는다는 걸 이제 알았습니다. 마음 근육은 천천히 자란다는 걸 받아들였습니다.

그리고 무엇보다, 이제 자기를 조금은 알게 됐습니다.

'나는 타인의 평가가 두렵다. 나는 인정받고 싶다. 나는 흔들린다. 하지
만 나는 온전해질 수 있다.'

그리고 긴 여정이 시작됐습니다.

Chapter Code : 마음 근육 키우기

- ◆ 명상과 호흡 훈련
- ◆ 사랑의 태도 5가지
- ◆ 천천히 자라는 변화

마음 근육은 하루아침에 생기지 않는다.
매일 조금씩, 꾸준히 자란다.

19장

무너지고 다시 일어나기

제대로 마인드피티 마음 훈련을 시작하고 3개월이 지났습니다.

새벽 5시 30분, 알람이 울렸습니다. 김 과장은 눈을 떴고, 어둠 속에서 천장을 바라봤습니다. 일어나기 싫었지만, 몸을 일으켰습니다. 3개월 전만 해도 상상할 수 없던 일이었습니다.

운동복을 입고 물을 한 모금 마셨습니다. 신발 끈을 묶고 문을 열어 밖으로 나갔습니다. 시원한 새벽 공기를 들이마시고 또다시 천천히 걷기 시작했고, 몸이 풀리자 뛰기 시작했습니다.

60분을 뛰었습니다. 처음엔 30분도 힘들었는데, 지금은 60분이 가능했습니다. 여전히 숨이 찼고 다리가 아팠지만, 뛰고 나면 생각이 정리되고 마음이 차분해지는 걸 느낄 수 있었습니다.

집으로 돌아와 5분간 명상을 했습니다. 호흡을 관찰하고 마음을 들여다봤습니다. 그리고 오늘의 루틴을 생각했습니다. 오늘 할 일을 정리하고, 지금 내 마음 상태를 알아차리고, 감사할 것을 떠올리고, 사랑의 태도 5가지를 점검했습니다. 믿음, 관찰, 소통, 희생, 기다림. 오늘도 이 태도로 나를 대할 것입니다.

샤워를 하고 출근 준비를 했습니다.

3개월 전과 달라진 것 같기도 하고, 그렇지 않은 것 같기도 했습니다. 3개월 동안 김 과장은 매일 간절한 마음을 가지고 이렇게 살았습니다.

새벽 러닝은 주 4회, 아침 5분 명상은 매일, 저녁 긍정, 감사의 생각 3가지를 매일 적기도 했습니다. 사랑의 태도 5가지를 반복적으로 연습했고, 주말에도 루틴을 이어 갔습니다.

박지영 씨가 말했던 것처럼, 쉽지 않았습니다. 마음 한편에서는 끊임없이 오늘 하루 쉬라는 달콤한 명령이 들려오면서 하기 싫은 마음이 수없이 들고 마음이 무너졌지만, 이내 박지영 씨의 말을 떠올렸습니다.

"계속하면 달라져요."

정말 그랬습니다. 저는 자기 합리화에 무너졌지만, 금방 마음을 고쳐먹고 다시 일어났습니다.

마음이 무너졌던 지난날이 떠올랐습니다.

1개월 차, 4주가 지난 어느 날.

새벽 알람이 울렸을 때, 김 과장은 알람을 끄고 다시 누웠습니다.

'이거 의미 있나?'

한 달을 했지만 변한 게 하나도 없는 것 같았습니다.

'나는 여전히 김 과장일 뿐이야.'

그날 러닝을 쉬었고, 다음 날도 쉬었습니다. 감사 노트도 쓰지 않았고, 명상도 하지 않았습니다. 이틀이 그렇게 지나갔습니다.

점심시간, 김 과장은 박지영 씨를 찾아갔습니다.

"안 되는 것 같아요."

박지영 씨가 조용히 웃었습니다.

"당연해요. 3개월은 해야 한다니까요."

"하지만 한 달 했는데 아무것도…."

"3개월이요, 1개월 아니고요. 몸 근육도 한 달 만에 안 생기잖아요."

"그래도…."

"무너져도 돼요. 다시 시작하면 되니까요."

박지영 씨가 덧붙였습니다.

"저도 첫 3개월 동안 열 번도 넘게 무너졌어요. 그래도 계속했죠. 그게 훈련이에요."

김 과장은 고개를 끄덕였습니다.

월요일 새벽 5시 30분, 김 과장은 다시 일어났습니다. 다시 운동복을 입고, 다시 뛰기 시작했습니다.

박지영 씨가 러닝에 대해 설명했습니다.

"러닝은 3단계예요. 자기 사랑을 직관적으로 체화하는 단계죠."

"왜 러닝인가요?"

"몸과 마음은 하나니까요. 마음만으로는 안 돼요. 러닝을 하면서 자신을 들여다보기도 하지만, 심폐 기능을 키워서 건강한 몸까지 만들 수 있어요. 만약 몸이 아프다면 아무리 긍정적인 마음을 가지려 해도 잘 안되잖아요. 그래서 마음이 제대로 움직이려면, 우선 몸이 잘 움직일 수 있어야 하는 거죠."

김 과장은 그 말의 의미를 조금씩 알게 됐습니다. 뛸 때 복잡했던 생각이 정리됐고, 뒤엉킨 감정들이 조절됐습니다. 무너졌던 마음이 다시 일어나는 걸 느낄 수 있었습니다.

"마인드피티는 이해, 반복, 행동, 지속 기반 훈련이에요. 생각만으로는 안 바뀌어요. 행동이 반복되고 지속돼야 몸에 체화되죠."

"러닝 말고 다른 것도 돼요?"

"당연하죠. 걷기도 되고, 수영도 되고, 자전거도 돼요. 중요한 건 반복 가능한 신체 활동이어야 한다는 거예요. 단, 혼자 할 수 있고 매일 할 수 있어야 해요. 하지만 그중 러닝을 가장 추천드려요."

김 과장은 러닝을 선택했습니다. 가장 단순했기 때문입니다. 신발만 있으면 됐고, 어디서든 할 수 있었습니다.

처음엔 30분도 힘들었는데, 2개월이 지나자 60분이 가능해졌습니다. 하지만 중요한 건 시간이나 거리가 아니었습니다. 매일 밖으로 나가는 것, 그 자체가 중요했습니다.

박지영 씨 말대로, 몸과 마음은 연결되어 있었습니다.

2개월 차, 8주가 지난 어느 날.

회사에서 동료 한 명이 퇴사했습니다. 조용히 짐을 싸서 나가는 모습을 보면서, 아무도 말하지 않았지만 모두 알았습니다. 구조조정이 시작된 것 같았습니다.

'아직 난 변한 게 없는데…'라고 읊조리며 거울을 봤을 때, 여전히 초라한 35세 과장이 보였습니다.

그날 저녁, 긍정, 감사를 카페에 써 보려 했지만 아무것도 떠오르지 않았습니다.

"긍정하고 감사할 게 뭐가 있어?"

컴퓨터를 끄고 자리에 누워 잠을 청했습니다.

다음 날 아침, 알람이 울렸을 때 김 과장은 일어났습니다. 왜 일어났는지 몰랐지만, 그냥 일어났습니다. 운동복을 입었습니다. 그리고 뛰었습니다. 왜 뛰었는지 몰랐지만, 그냥 뛰었습니다.

60분을 뛰고 돌아왔을 때, 마음이 조금 가라앉아 있었습니다. 심한 흔들림이 약간의 불안으로 바뀌어 있었습니다.

'그래도 계속하는구나.'

자기가 신기했습니다.

박지영 씨가 4단계에 대해 설명했습니다.

"긍정과 감사예요."

"긍정이요?"

"단순한 낙관주의가 아니에요. 긍정은 현실을 부정하는 게 아니라, 부정적인 상황 속에서도 긍정적인 의미를 찾고 방향을 설정하는 거예요."

"어떻게요?"

"'이것도 나를 성장시키는 경험'이라고 생각하는 거죠. 선택의 문제예요. 같은 상황을 어떻게 볼 것인가의 문제죠."

김 과장은 고개를 끄덕였습니다.

"그럼 감사는요?"

"감사는 긍정의 부스터예요."

"부스터요?"

박지영 씨가 설명을 이어 갔습니다.

"긍정적으로 상황을 보는 것만으론 부족해요. 그 방향으로 실제로 나아가야 하거든요. 감사가 바로 그 역할을 해요. 같은 상황을 좋은 방향으로 보게 한 다음, 그 방향으로 나아갈 수 있게 하는 힘을 주는 거죠."

"어떻게요?"

"감사는 나와 세상의 연결을 회복시키는 에너지를 가져요. '나는 혼자가 아니다'를 느끼게 하죠. 그러면 긍정적으로 본 그 방향으로 실제로 움직일 수 있는 에너지가 생겨요. 긍정이 방향이라면, 감사는 그 방향으로 가는 연료인 셈이죠."

김 과장은 천천히 이해했습니다.

"그래서 매일 저녁 긍정과 감사를 적는 건가요?"

"네. 처음엔 억지예요. 당연하죠. 근데 계속하면 자연스러워지고, 그게 쌓이면 긍정의 방향으로 나아가는 힘이 돼요."

김 과장은 자기 노트를 펼쳤습니다.

1주차	"오늘도… 출근해서 감사함을 느꼈다."
4주차	"점심이 맛있었다."
8주차	"동료가 커피를 사 줬다. 감사함을 느꼈다."
12주차	"새벽 러닝을 해낸 나. 긍정적인 생각을 했다. 러닝을 할 수 있는 건강한 몸이 있어 감사하다."
14주차	"내 존재가 있었기에 지금 이렇게 성장의 기쁨을

정말 달라져 있었습니다. 처음엔 완전히 억지였는데, 지금은 조금 자연스러워진 것 같았습니다. 그리고 이 작은 긍정과 감사들이 쌓이면서, 부정적인 상황에서도 다시 일어날 수 있는 힘이 생긴 것 같았습니다.

김 과장은 문득 이런 궁금증이 들어 박지영 씨에게 물었습니다.
"그럼 부정적인 생각이 올라올 때 어떻게 해요?"
"알아차리는 거예요. '아, 지금 부정적인 생각이 올라오는구나.' 그리고 말하는 거죠. '이건 생각일 뿐이야.' 그다음 다른 관점을 찾아봐요. '이 상황에서 배울 수 있는 게 뭘까?' 그리고 감사할 것을 찾아요. 그러면 그 방향으로 나아갈 힘이 생겨요. 천천히, 반복적으로 연습하면 돼요."

김 과장은 3개월 동안 수없이 연습했습니다.

> '회사에서 잘릴 거야.'
> → '이건 생각일 뿐이야.'
> → '잘린다 해도 나는 살아갈 수 있어.'
> → '지금 이 훈련을 할 수 있어서 감사하다.'

'나는 초라해.'

→ '이건 그저 망상일 뿐이야.'

→ '나는 지금 성장하고 있어.'

→ '성장할 기회가 있어서 감사하다.'

쉽지 않았습니다. 대부분의 경우 실패했지만 가끔은 성공했고, 그 '가끔'이 조금씩 늘어났습니다. 그리고 감사가 쌓일수록, 긍정적인 방향으로 다시 일어나는 힘이 조금씩 생겼습니다.

3개월 동안 회사 상황은 계속 악화됐습니다. 기술 도입이 본격화되면서 팀원이 하나둘 퇴사했습니다. 3명이 나갔고, 분위기는 최악이었습니다. 복도에서 조용한 대화들이 오갔습니다.

"다음은 누구?"

"곧 발표 난대."

"우리 팀도 줄어들 거래."

팀장의 표정은 어두웠고, 회의 때마다 침묵이 길었습니다. 김 과장도 마음이 편치 않았지만, 호흡을 관찰했습니다.

'나는 지금 불안하구나.'

심호흡을 하면 마음이 조금 가라앉았습니다.

회의 때도 달랐습니다. 떨리는 마음을 관찰할 수 있었습니다.

'나는 지금 이런 감정을 느끼고 있구나.'

미미한 변화였지만, 분명한 변화였습니다.

어느 날 회의가 끝난 후, 후배가 다가왔습니다.

"과장님."

"응?"

"요즘 다르신 것 같아요."

"뭐가?"

"모르겠는데… 안정적이세요."

김 과장은 어리둥절했습니다.

"그래?"

"예전엔 회의 때 많이 힘들어하셨잖아요. 근데 요즘은 그냥… 담담하신 것 같아요."

"아…"

"무슨 비결 있으세요?"

김 과장은 웃었습니다.

"글쎄… 잘 모르겠네."

후배가 돌아간 후, 김 과장은 혼자 생각했습니다.

'정말 달라진 걸까?'

여전히 흔들렸고, 여전히 불안했지만 씩씩한 마음이 생긴 태도. 그게 차이였을까요?

점심시간, 박지영 씨에게 후배 이야기를 했습니다.

"제가 달라졌대요."

"그렇게 보여요."

"저는 잘 모르겠는데요."

박지영 씨가 웃었습니다.

"당연해요. 마음 근육은 천천히 자라니까요. 본인은 잘 못 느껴요. 근데 주변 사람들이 먼저 알아차리죠."

"그런가요?"

"3개월이면 이제 시작이에요. 6개월쯤 되면 확실히 느껴질 거예요."

"6개월…."

"지금은 아주 미미한 변화들이 쌓이고 있는 거예요. 무너져도 다시 일어나는 힘, 부정적 생각과 거리 두는 능력, 호흡으로 마음 조절하는 기술. 이런 게 다 마음 근육이에요."

김 과장은 고개를 끄덕였습니다.

"계속해야겠네요."

"네, 이제 5단계와 6단계를 준비할 때예요."

"5단계요?"

"만다라트예요. 김 과장님 삶의 의미를 부여할 목적과 목표를 명확히 하는 단계죠. 그리고 6단계는 아침 루틴이에요. 모든 걸 매일의 습관으로 만드는 거예요. 3개월 더 하면 더욱 달라질 거예요."

> "3개월이 지났습니다."

〈마인드피티〉 네이버 카페 자유게시판에 글을 적어 내려갔습니다.

> "극적으로 달라진 건 없습니다. 여전히 막연하고, 여전히 흔들립니다. 회사 상황은 더 나빠졌고, 미래는 여전히 불확실합니다."

"하지만 확실한 건, 나는 예전보다 눈에 띄게 씩씩해져 있다는 것입니다."

"예전 같았으면 벌써 포기했을 겁니다. 하지만 지금은 무너져도 다시 일어날 수 있는 에너지가 제 안에 있어 부정적인 생각이 올라와도 거리를 둘 수 있습니다. 마음 알아차림과 호흡하며 마음을 조절할 수 있습니다."

"마음 근육이 조금씩 자라고 있다고 느껴집니다."

"6개월은 해 봐야 할 것 같습니다."

마지막 줄을 적었습니다.

"계속하겠습니다."

Chapter Code : 무너지고 다시 일어나기

◆ 긍정과 감사의 힘
◆ 부정적 생각과의 거리 두기
◆ 다시 일어서는 에너지

무너지는 것이 문제가 아니라,
다시 일어나지 못하는 것이 문제다.

20장

목적과 목표가 보인다

마인드피티를 공부하고 훈련한 지 거의 6개월이 다 되어 갔습니다.

새벽 5시 30분에 일어나는 것도, 60분 러닝도, 5분 명상도 이제 익숙했습니다. 김 과장은 매일 아침 루틴을 반복했습니다. 오늘 할 일을 정리하고, 마음 상태를 알아차리고, 감사할 것을 떠올리고, 사랑의 태도 5가지를 점검했습니다. 하지만 여전히 긴가민가했습니다.

'분명히 달라진다고 했는데 내가 정말 달라진 걸까?'

마치 확신 없는 어두운 터널을 걷는 기분이었습니다. 이 길은 대체 언제쯤 밝아질까요? 박지영 씨는 6개월이면 확실히 느껴진다고 했는데, 김 과장은 아직도 그 느낌을 알 수 없었습니다.

어느 날 오후, 스마트폰에 알림이 떴습니다.

사내 메신저였습니다. "전 직원 공지"라는 제목이 보였습니다. 김 과장은 메시지를 열었습니다.

인사 발표: 12월 15일(화) 10시

가슴이 철렁했습니다. 동료들 채팅방이 난리였습니다.

"드디어 왔네…"

"누구누구 정리될까?"

"우리 팀도 줄어든대."

김 과장의 휴대폰도 계속 울렸습니다. 메시지를 확인할 때마다 가슴이 떨림이 느껴졌지만, 확실히 예전보다 덤덤해졌습니다.

'나는 준비되어 있다.'

심호흡을 했습니다. 마음을 관찰했습니다.

'나는 지금 불안하구나. 하지만 괜찮아.'

점심시간, 박지영 씨를 찾아갔습니다.

"다음 주 화요일이래요."

"들었어요. 괜찮으세요?"

김 과장은 잠시 생각했습니다.

"떨려요. 하지만… 무너지진 않아요."

박지영 씨가 웃었습니다.

"거의 6개월이에요. 확실히 달라지셨어요."

"저는 잘 모르겠는데요. 여전히 긴가민가해요."

"그게 정상이에요. 아직 깨달음이라는 스위칭이 안 됐으니까요."

김 과장은 고개를 갸웃했습니다.

"그건 나중에 설명할게요. 지금은 만다라트 할 때예요."

"만다라트요?"

"5단계예요. 삶의 의미를 명확하게 할 목적과 목표를 설정하는 단계죠.

이번 주말에 한번 해 보세요."

박지영 씨가 설명했습니다.

"만다라트는 일본 디자이너 이마이즈미 히로아키가 만든 목표 설정 도구예요."

"어떻게 하는 건데요?"

박지영 씨가 종이에 그림을 그렸습니다. 큰 정사각형을 가로, 세로 9등분의 81개 블록이 보였습니다.

"9×9 구조예요. 총 81칸이죠. 중앙 블록 중심에 핵심 목적을 쓰고, 주변 8칸에 목적을 달성하게 할 세부 목표를 써요. 그러면 중앙 블록에 총 9개 칸이 채워지게 돼요. 그다음, 그 8개 세부 목표를 각각 외곽 8개 블록의 중심에 배치해서 블록마다 다시 8개씩 실행 과제를 채우는 거예요."

김 과장은 그림을 보며 이해하려고 애썼습니다.

"이거 생각보다 복잡한데요?"

"처음엔 그래요. 근데 하다 보면 명확해져요. 막연하게 머릿속에서 떠돌아다니는 목적과 목표가 구체적인 실행으로 바뀌거든요. 핵심 목표 하나가 8개 세부 영역으로 나뉘고, 영역마다 8개 실행이 나오니까 총 64개 실행 과제가 생기는 거죠."

"왜 만다라트예요? 다른 목표 설정 방법도 많잖아요."

"만다라트는 재능과 목적의 교차점을 찾는 도구예요. 좋아하는 것, 잘하는 것, 하고 싶은 것이 만나는 지점을 시각화하는 거죠. 81칸 전체를 채우면서 연결점이 보여요."

"그런데 왜 6개월 후에 하나요?"

박지영 씨가 중요하다는 듯 말했습니다.

"내면 인식이 선행되어야 하니까요. 나를 모르는데 목적과 목표를 세울 수 없어요. 6개월 동안 마음 알아차리기, 사랑의 태도, 러닝, 긍정과 감사를 하면서 자기를 알게 되잖아요. 그래야 진짜 목적을 알아내고 자신의 목표를 세울 수 있어요."

김 과장은 고개를 끄덕였습니다. 6개월 전에는 자기가 무엇을 좋아하는지, 무엇을 잘하는지 몰랐습니다. 지금은 조금 알 것 같았습니다.

"어떻게 작성하면 돼요?"

"단계별로 할게요. 첫째, 중앙 블록 중심에 핵심적인 삶의 목적을 써요. '나는 무엇을 위해 사는가?' 둘째, 주변 8칸에 세부 영역을 써요. 그 목적을 이루기 위해 필요한 목표 영역들이죠. 셋째, 각 세부 영역을 외곽 블록 중심에 옮기고, 8개씩 실행 과제를 채워요. 넷째, 81칸 전체를 보면서 연결점을 찾아요."

"주말에 해 볼게요."

"네. 그리고 중요한 질문 세 가지를 먼저 답해 보세요. '나는 무엇을 좋아하는가?', '나는 무엇을 잘하는가?', '나는 무엇을 하고 싶은가?' 이 세 가지 교차점이 핵심 목표예요."

토요일 아침, 김 과장은 커피 한 잔을 앞에 두고 큰 종이를 펼쳤습니다. 박지영 씨가 그려 준 만다라트 양식이었습니다. 9×9 격자가 보였습니다. 중심에 뭘 쓸까? 한참 고민했습니다. 박지영 씨가 말한 세 가지 질문을 떠올렸습니다.

'나는 무엇을 좋아하는가?'

6개월 동안 자기를 관찰했습니다. 소통하면서 나 자신을 이제 조금 알았습니다. 나는 사람들의 이야기를 듣는 것을 좋아했습니다. 누군가 힘들어할 때 옆에 있어 주는 것을 좋아했습니다. 함께 고민하는 것을 좋아했습니다.

'나는 무엇을 잘하는가?'

공감하는 것을 잘했습니다. 사람들의 마음을 이해하는 것을 잘했습니다. 복잡한 감정을 정리하는 것을 잘했습니다.

'나는 무엇을 하고 싶은가?'

예전의 자기 같은 사람들을 돕고 싶었습니다. 불안하고, 초라하고, 방향을 잃은 사람들을 돕고 싶었습니다. 그들이 자기를 찾도록 돕고 싶었습니다.

김 과장은 천천히 중앙 블록 중심에 적었습니다.

중앙에 생존, 번영, 자아실현을 적기 시작해서 주변 8칸에 세부 목표를 적었습니다. 그리고 81칸이 다 채워졌습니다.

김 과장은 펜을 내려놓고 전체를 바라봤습니다. 중앙의 삶의 목적에서 시작해서, 8개 영역으로 목표가 펼쳐지고, 영역마다 8개씩 구체적인 실행들이 보였습니다.

'이게 내 삶의 목적이고 이를 실행할 목표들이구나. 이게 내가 하고 싶은 일이구나.'

확신은 없었습니다. 여전히 긴가민가했습니다. 하지만 방향은 명확했습니다. 처음으로 구체적인 길이 보였습니다.

일요일, 김 과장은 만다라트를 들고 박지영 씨를 찾아갔습니다.

박지영 씨가 81칸을 천천히 살펴봤습니다.

"잘 만드셨네요. 이제 삶의 목적과 목표가 명확하시죠?"

"네. 근데… 아직도 긴가민가해요."

박지영 씨가 고개를 끄덕였습니다.

"당연해요. 아직 스위칭이 안 됐으니까요."

"스위칭이요?"

"깨달음을 스위칭이라 해요."

김 과장은 고개를 갸웃했습니다.

"무슨 뜻이에요?"

박지영 씨가 설명했습니다.

"어두운 방에 있다가 갑자기 스위치를 켜면 밝아지잖아요. 깨달음이 그래요. 공부하고 훈련하는 동안은 어두운 터널이에요. 긴가민가하죠. '이게 맞나? 변하고 있나?' 계속 의문이 들어요."

김 과장은 고개를 끄덕였습니다. 정확히 지금의 자신의 상태였습니다.

"근데 어느 순간 스위치가 켜져요. 갑자기요. 그럼 모든 게 한 번에 연결되고 밝아져요. 공부했던 것, 훈련했던 것, 경험했던 것이 동시에 이해돼요. '아, 이거였구나!' 하는 순간이 와요."

"언제 그렇게 되는데요?"

"사람마다 달라요. 6개월, 1년, 어떤 사람은 2년. 근데 계속하면 언젠가 켜져요. 중요한 건, 훈련 중에는 절대 안 느껴진다는 거예요. 계속 어두워요. 그러다가 갑자기 밝아지는 거죠."

김 과장은 조금 실망했습니다.

"그럼 저는 아직 안 된 거네요?"

"아직이에요. 근데 곧 될 거예요. 6개월 훈련했으니까요. 준비는 다 됐어요. 언젠가 스위치가 켜질 거예요."

"어떤 느낌인데요?"

박지영 씨가 잠시 생각했습니다.

"뇌과학적으로 설명하면, 스위칭이 일어날 때 도파민, 세로토닌, 옥시토신이 동시에 분비돼요. 부정에서 긍정으로 완전히 전환되는 거죠. 느낌을 설명하자면 번개 맞은 듯한 전율이 일어요. 말로 듣는 것과 직접 경험하는 건 완전히 다를 거예요."

김 과장은 이해는 했지만, 실감이 나지 않았습니다.

'스위칭… 나도 경험할 수 있을까?'

여전히 어두운 터널 속이었습니다. 하지만 박지영 씨 말을 믿기로 했습니다.

일요일 밤, 김 과장은 만다라트를 펼쳐놓고 노트북을 열었습니다. ChatGPT에 접속했습니다.

6개월 전에는 질문을 못 했습니다. 뭘 물어봐야 할지 몰랐습니다.

"AI로 뭐 할 수 있을까요?"

그때 AI가 준 답변은 너무 막연했습니다. 질문이 막연했으니 당연했습니다. 하지만 지금은 달랐습니다. 김 과장은 명확하게 입력했습니다.

"저는 마음 훈련 서비스를 만들고 싶습니다. 대상은 30~40대 직장인이고, 최소 3개월 프로그램입니다. 온라인과 오프라인을 병행하려고 합니다. 어떤 플랫폼이 적합할까요? 초기 자본은 5천만 원 정도입니다."

AI의 답변이 달랐습니다. 구체적이었습니다.

플랫폼 옵션들이 나왔습니다. 웹 기반, 앱 기반, 커뮤니티 플랫폼. 각각의 장단점과 비용 구조. 초기 단계 전략. MVP 접근법.

김 과장은 노트에 받아 적었습니다.

다시 질문했습니다.

"3개월 프로그램을 6단계로 나누려고 합니다. 마음 알아차리기, 사랑의 태도, 러닝, 긍정과 감사, 만다라트, 아침 루틴입니다. 각 단계를 어떻게 온라인 콘텐츠로 만들 수 있을까요?"

또 구체적인 답변이 왔습니다. 영상 콘텐츠, 텍스트 가이드, 실습 과제, 피드백 시스템, 커뮤니티 활동.

김 과장은 계속 질문했습니다.

"수익 모델은 어떻게 설계할까요?" "초기 고객은 어떻게 확보할까요?" "마케팅 전략은? 콘텐츠 제작 순서는?"

한 시간 동안 AI와 대화했습니다. 화면에 대화가 가득 찼습니다. 6개월 전과 완전히 달랐습니다.

'차이가 뭘까?'

생각해 봤습니다. 6개월 전에는 자기를 몰랐습니다. 뭘 좋아하는지, 뭘 잘하는지, 뭘 하고 싶은지 몰랐습니다. 그래서 질문도 막연했습니다.

지금은 자기를 알았습니다. 목표가 명확해서 질문도 구체적이었습니다.

'좋은 질문은 내면 인식에서 나온다.'

박지영 씨가 했던 말이 이해됐습니다.

김 과장은 노트를 펼쳤습니다.

"6개월이 지났다."

천천히 적어 내려갔습니다.

"극적으로 달라진 것 같진 않다. 여전히 긴가민가하다.

어두운 터널 속을 걷는 느낌이다. 스위칭은 아직 안 됐다."

"하지만 분명히 달라진 것들이 있다."

...

1개월 전과 비교

· 무너지지 않는다

· 감정을 관찰할 수 있다

· 부정적 생각과 거리를 둘 수 있다

· 호흡으로 마음을 조절할 수 있다

3개월 전과 비교

· 감사가 자연스럽다

· 긍정으로 전환할 수 있다

· 러닝 60분이 가능하다

· 루틴을 유지할 수 있다

6개월 전과 비교
• 나를 이해한다
• 목표가 명확하다
• AI에게 좋은 질문을 할 수 있다
• 방향이 설정됐다
...
"하지만 아직 확신은 없다. 깨달음의 상태, 스위칭은 안 됐다.
여전히 어두운 터널이다."
"'이게 맞나?'라는 의문은 계속된다."
"그래도 이것만은 확실하다. 나는 나를 안다. 나는 무엇을 좋아
하고, 무엇을 잘하고, 무엇을 하고 싶은지 안다."
"6개월 전엔 몰랐다. 지금은 안다."
"그것만으로도 충분하다."

월요일 아침, 출근했습니다. 오전 10시, 팀장이 불렀습니다.

"김 과장, 내일 오전 9시에 부장님이 보자시네."

김 과장은 알았습니다.

'드디어 내 차례가 왔어. 내일이구나.'

가슴이 뛰었습니다. 손에 땀이 났지만, 정신이 무너지지 않았습니다.

심호흡을 하며 마음을 관찰했습니다.

'나는 지금 떨리고 있구나. 하지만 준비되어 있어.'

김 과장은 만다라트를 다시 봤습니다.

81칸이 빼곡히 채워진 종이. 목표에 적힌 글자, '마음 훈련 서비스'.

주변의 8개 세부 목표들, 그리고 다른 64개의 실행 과제들.

확신은 없었고 스위칭도 안 됐지만, 이것만은 확실했습니다.

"지금은 나는 나를 안다. 나는 무엇을 좋아하고, 무엇을 잘하고, 무엇을 하고 싶은지 안다. 그것만으로도 충분하다."

김 과장은 노트를 덮고 잠자리에 들었습니다.

내일, 부장님을 만날 것입니다. 아마도 퇴사 통보일 것입니다.

무섭지 않다고 하면 거짓말입니다. 하지만 6개월 전과는 다릅니다.

"나는 준비되어 있다."

김 과장은 눈을 감았습니다. 예전 같으면 불면증으로 한숨도 못 잤겠지만, 지금은 잠을 잘 수 있게 되었습니다.

그리고 다음 날, 모든 것이 바뀌는 화요일이 왔습니다.

Chapter Code : 삶의 목적과 목표

- ◆ 만다라트 작성
- ◆ 명확해진 방향
- ◆ 구체적인 질문의 탄생

목적이 명확해지니 질문도 구체적이 되고,

AI는 비로소 파트너가 된다.

21장

김민수

화요일 아침, 새벽 5시. 조금 일찍 눈이 떠졌습니다.

김 과장은 일어났습니다. 평소와 똑같이 명상을 했고, 감사를 떠올렸고, 러닝을 했습니다. 60분을 뛰고 돌아와 샤워를 했습니다.

하지만 오늘은 달랐습니다. 9시에 부장을 만나야 했습니다.

출근 준비를 하면서 심호흡을 하며 마음을 관찰했습니다.

'나는 지금 떨리고 있구나. 하지만 괜찮아.'

오전 8시 50분, 회사에 도착했습니다. 부장실 앞에서 심호흡을 한 번 더 한 후 노크를 했습니다.

"들어오세요."

문을 열고 들어갔습니다.

부장이 미안한 표정으로 앉아 있었습니다.

"앉으세요, 김 과장."

김 과장은 앉았습니다.

"김 과장, 미안하지만…"

부장의 말이 이어졌습니다. 기술 도입으로 인한 구조조정. 기획팀 30% 감축. 명예퇴직 제안. 1년 치 급여에 퇴직금. 다음 달 말까지 정리하자는 내용의 말이 이어졌습니다.

6개월 전이었다면 패닉에 빠졌을 것입니다.

"저는 어떡해요? 제 가족은요?" 울면서 애원했을지도 모릅니다.

하지만 지금은 달리 상황을 받아들일 준비가 되어 있었습니다.

"네, 알겠습니다. 그리고 다음 달 말이 아닌, 오늘 정리하겠습니다."

담담하게 대답했습니다.

부장이 놀란 표정을 지었습니다.

"생각보다… 담담하시네요. 준비하고 계셨나요?"

김 과장은 잠시 생각했습니다.

"… 네, 준비는 했습니다."

6개월간의 마인드피티를 통한 마음 훈련이 그 준비였습니다.

자리로 돌아왔습니다. 동료들이 안도를 하는 듯하면서도 불안한 시선을 보냈습니다. 그들의 작은 목소리가 들려왔습니다.

"김 과장도?"

"다음은 나일까?"

미묘한 공기가 사무실을 채웠습니다.

김 과장은 조용히 짐을 정리하기 시작했습니다. 6년간의 흔적들이었습니다. 기획안들, 명함들, 사진들. '김 과장'의 흔적들.

박지영 씨에게 메시지를 보냈습니다.

"퇴사하게 됐어요. 감사했습니다."

곧 답장이 왔습니다.

"축하해요. 이제 시작이에요. 오늘 저녁 연락 주세요."

축하? 처음엔 이해가 안 갔습니다. 하지만 곧 알았습니다. 이게 또 다른 시작이라는 것을.

점심시간, 회사 밖 식당에서 혼자 먹었습니다. 마지막 점심이었습니다. 긍정과 감사를 노트에 적었습니다.

"6년간의 회사 생활에서 내 삶을 되돌아볼 수 있게 되었고 나 자신을 찾을 수 있어서 감사합니다."

오후에는 인수인계 서류를 작성했습니다. 담담하게 처리했습니다. 동료들이 놀라워했습니다.

"과장님 진짜 괜찮으세요?"

"네, 괜찮아요."

정말 괜찮았습니다. 너무 담담해서 저 자신도 놀라웠습니다.

5시, 짐을 들고 회사를 나왔습니다. 건물을 한 번 돌아봤습니다.

"6년이었구나."

택시를 타고 집으로 향했습니다. 집에 도착해 짐을 내려놓았습니다. 정적이 흐른 고요한 방에 혼자였습니다.

예상했던 감정은 불안, 두려움, 절망이었습니다.

실제로 느낀 감정은 고요함, 평온함, 그리고 약간의 설렘이었습니다.

'이상하다… 왜 무너지지 않는 거지? 그리고 이 묘한 설렘은 무엇이지?'

소파에 앉아 천장을 바라봤습니다. 6개월을 돌이켜봤습니다. 훈련들, 변화들. 하지만 여전히 긴가민가했습니다. 스위칭은 아직 안 되어 마음이 밝지는 않습니다.

"나는 누구인가?"

질문이 올라왔습니다.

나는 누구? 더 이상 김 과장이 아닙니다. 회사원도 아닙니다.

그럼 나는 누구?

그 순간.

스위치가 켜졌습니다.

번개 맞은 듯한 전율이 온몸을 관통했습니다.

모든 것이 한 번에 연결됐습니다.

여태 책과 영상에서 배운 것들이 떠올랐습니다.

사르트르 — "실존은 본질에 앞선다."

나는 이미 존재합니다. 역할이 나를 정의하지 않습니다. 존재가 먼저, 본질은 나중입니다.

카뮈 — "부조리 속에서도 의미를 찾아야 한다."

회사에서 잘렸다는 부조리 속에서, 나는 새로운 의미를 찾을 수 있습니다.

하이데거 — "본래적 존재로 살아야 한다."

나는 이제 본래적으로 살 수 있습니다.

존재에 관해 공부한 것들이 느껴지면서 마음을 훈련한 것들이 연결됐습니다.

믿음 "나는 온전해질 수 있다." – 6개월 전 월요일 아침, 처음 중얼거렸던 그 문장.

관찰 지하철에서 처음으로 자기를 관찰했던 순간. 손에 땀, 긴장

된 어깨, 얕은 호흡.

소통　노트에 자기와 대화하며 발견했던 진실. "타인의 평가가 두렵다."

희생　새벽 5시 30분, 처음 일어나 뛰었던 날. 35년 만에 자기를 위한 시간.

기다림　"온전해질 때까지 기다리자." 노트에 적었던 문장.

러닝　몸과 마음은 하나. 무너져도 다시 일어나는 힘. 60분을 뛸 수 있게 된 자기.

긍정과 감사　같은 상황을 다르게 보기. 감사는 부스터. '억지 감사'에서 '진심 감사'로.

만다라트　81칸에 채운 목표들. '마음 훈련 서비스'. 좋아하는 것, 잘하는 것, 하고 싶은 것의 교차점.

모든 것이 동시에 이해됐습니다.

"아…"

온몸에 전율이 일었습니다.

"이거였구나."

가슴이 북받쳐 오르는 전율이 느껴졌습니다.

"이게 존재주의구나."

도파민이 터지는 느낌. 박지영 씨가 설명했던 바로 그것.

"이게 온전한 나구나."

부정에서 긍정으로 완전히 전환되는 스위칭.

"이게… 박지영 씨가 말했던 깨달음의 스위칭이구나!"

긴 시간 어두운 터널이었습니다.

긴가민가하며 "이게 맞나?" 계속 의문이었습니다.

그러다 지금, 갑자기 스위치가 켜지며 마음이 환해졌습니다.

어둠에서 빛으로.

20장에서 박지영 씨가 설명했을 때는 머리로 이해만 했습니다.

"아, 그런 게 있구나."

하지만 지금, 직접 경험하니 가슴으로 느끼는 경험은 완전히 달랐습니다.

"아… 말로 듣는 것과… 경험하는 건… 완전히 다르구나…."

천지 차이였습니다.

거울 속 자기를 봤습니다.

"나는 김 과장이 아니다."

"나는 직급이 아니다."

"나는 역할이 아니다."

"나는…"

숨을 깊이 들이쉬었습니다.

"나는 김민수다."

"나는 나 자신이 존재하는 것을 알게 되었고 나를 사랑할 준비가 되었다."

처음으로 자기를 봤습니다. 처음으로 자기를 인정했습니다. 처음으로 온전함을 느꼈습니다. 눈물이 흘렀습니다. 슬픔이 아닌 기쁨의 눈물이었습니다. 해방이었습니다.

"나는 이제 나를 안다."

거울 속 자기에게 말했습니다.

"안녕, 김민수."

그날 저녁, 박지영 씨에게 전화했습니다.

"스위칭이 됐어요. 내가 누군지, 무엇을 해야 할지 깨닫게 되었어요."

박지영 씨의 웃음소리가 들렸습니다.

"축하해요. 어떤 느낌이에요?"

"말로는… 설명 못 하겠어요. 완전히 달라요. 정말 듣는 것과 경험하는 게 완전히 다르네요."

"그렇죠. 이제 마지막 단계만 하면 돼요."

"6단계요?"

"네, 아침 루틴이에요."

박지영 씨가 설명했습니다.

"6단계는 지속성을 만드는 작은 세팅이에요. 1단계부터 5단계까지를 매일 실천할 수 있게 만드는 거죠. 사람이 생존을 위해 매일 밥을 먹어야 하듯, 마음도 성장을 유지하기 위해서는 지속적인 훈련이 필요해요."

"어떻게요?"

"마음의 스위칭을 하루의 시작으로 만드는 거예요. 매일 아침 마음 상태를 긍정으로 전환하고, 하루를 온전한 나로 시작하는 거죠."

김민수는 노트에 받아 적었습니다.

"1단계부터 5단계를 아침에 압축하는 건가요?"

"정확해요. 이렇게 해 보세요."

박지영 씨의 아침 루틴 가이드

5:30   기상 즉시 일어나기, 5분 이상 누워 있지 않기

5:35   마음 알아차리기(1단계) 5분 명상, 호흡 관찰, 지금 내 마음 상
태 확인

5:40	긍정과 감사(4단계) 감사 떠올리기 또는 적기, 오늘 하루를 긍정으로 시작
5:45	러닝(3단계) 30~60분 신체 활동, 몸으로 체화하기
6:45	샤워
7:00	아침 식사
7:20	만다라트 점검(5단계) 매달 초 할 일을 목표와 연결하기, 81칸 중 오늘 채울 칸은?
7:30	사랑의 태도 점검(2단계) 오늘 나를 어떻게 대할 것인가? 믿음, 관찰, 소통, 희생, 기다림
7:35	하루 시작

"이걸 매일 하는 거예요?"

"네, 매일 하는 아침 루틴의 핵심이에요. 마인드피티는 이해, 반복, 행동, 지속 기반 훈련이잖아요. 지속 가능해야 해요."

김민수는 고개를 끄덕였습니다.

"제 스타일에 맞게 조정해도 돼요?"

"당연하죠. 중요한 건 6단계를 모두 포함하는 거예요. 순서나 시간은 자기에게 맞게 조정하세요."

김민수는 자기만의 아침 루틴을 설계했습니다.

김민수의 아침 루틴

| 5:30 | 기상 |
| 5:35 | 명상 5분(마음 알아차리기) |

5:40	긍정, 감사 5분(노트에 적기)
5:45	러닝 60분(몸으로 체화)
6:45	샤워
7:00	아침 식사
7:20	오늘 할 일 정리(만다라트와 연결)
7:30	사랑의 태도 점검(오늘 나를 어떻게 대할 것인가)
7:35	하루 시작

"이제 6단계가 완성됐네요."

박지영 씨가 말했습니다.

"축하해요. 이제 마인드피티를 완성한 거예요. 6개월 동안 이 6단계를 했고, 그 결과…"

박지영 씨가 미소 지었습니다.

"마음 근육이 조금 생겼죠. 자신을 사랑하는 법을 체득했고요. 회복탄력성을 증명했고요. 존재를 인식해서 회복했어요. 명확한 목표가 생겨, 해야 할 일이 명확해졌어요. AI 활용 준비가 됐고, 실행력이 생겼어요. 그리고 오늘, 놀랍게 스위칭을 경험했죠."

김민수는 고개를 끄덕였습니다.

"마음 훈련의 본질이 뭔가요?"

박지영 씨가 천천히 말했습니다.

"단기간에 안 돼요. 최소 3개월은 해야 해요. 꾸준함이 핵심이죠. 작은 것들이 축적돼요. 무너져도 다시 일어나야 해요. 온전해질 때까지 기다려야 하고요. 결국 나와 나 자신의 관계를 회복하는 거예요."

"그리고 어두운 터널을 견디는 거죠?"

"맞아요. 6개월 동안 긴가민가했잖아요. 그게 정상이에요. 그러다 스위칭이 와요. 갑자기 밝아지는 거죠."

김민수는 이제 이해했습니다. 경험했으니까요.

〈마인드피티〉 네이버 카페의 자유게시판에 글을 적기 시작했습니다.

> "2024년 12월 15일. 나는 오늘 김 과장을 그만뒀다."
>
> "그리고 김민수로 살기 시작했다."
>
> "6개월간의 마음 훈련이 나를 바꿨다. 스위칭을 경험했다. 이제 나는 나를 안다."
>
> "마인드피티 6단계를 완성했다. 마음 알아차리기, 사랑의 태도, 러닝, 긍정과 감사, 만다라트, 아침 루틴. 이것들이 나를 온전하게 만들었다."
>
> "앞으로 1년, 나는 마음 훈련 서비스를 만들 것이다. 예전의 나 같은 사람들을 돕기 위해."
>
> "두렵다. 하지만 확신이 있다."
>
> "나는 준비되어 있다."
>
> "이제 시작이다."

다음날 새벽 5시 30분. 김민수가 일어났습니다.

5분 명상을 했습니다. 호흡을 관찰했습니다. 이전과 다르게 마음이 고요했습니다. 긍정, 감사 3가지를 노트에 적었습니다.

"스위칭을 경험한 나." "6개월 훈련을 완성한 나." "이제 시작할 수 있는 나."

운동복을 입었습니다. 밖으로 나가서 뛰었습니다. 겨울 공기가 날카롭게 뺨을 스치면서 얼굴이 베이는 듯했습니다. 6개월 전과 똑같았습니다. 하지만 모든 게 달랐습니다.

60분을 뛰고 돌아와서 샤워를 하고 아침을 먹었습니다.

7시 20분, 노트북을 켰습니다. 오늘 할 일을 정리했습니다.

ChatGPT를 열었습니다. 이제 명확한 목표로 질문을 쏟아 내기 시작합니다. 타이핑을 시작했습니다.

"나는 김민수입니다. 마음 훈련 서비스를 만들려고 합니다. 대상은 30~40대 직장인이고, 프로그램 이름은 '마인드 무브먼트'입니다. 6단계로 구성돼 있고, 최소 3개월 과정입니다. 1년 안에 시제품을 완성하고 싶습니다. 첫 번째로 무엇을 해야 할까요?"

AI가 답했습니다.

Chapter Code : 김민수의 탄생

- 낙타에서 사자로
- 스위칭의 순간
- 존재의 인식

김 과장이 아닌 김민수로,
직책이 아닌 존재로 살아가기 시작했다.

22장

같은 도구, 다른 결과

퇴사를 하고 1개월이 지났습니다. 더 이상 김 과장이 아니었지만, 오히려 회사 다닐 때보다 더 바빴습니다.

예전에는 회사를 다니지 않는 삶이라는 것을 상상할 수조차 없었습니다. 지금은 회사가 없는 삶이었지만 외롭지 않았습니다. 명확한 목표가 있었고, 분명한 방향이 있었으며, 매일 AI와 대화하며 콘텐츠를 만들고 한 칸씩 채워 가는 과정이 있었습니다.

토요일 오후, 박지영 씨와 만났습니다. 1개월 만이었습니다.

카페에 앉아 그간의 진행 상황을 공유했습니다. 만다라트 81칸 중 20% 정도 진행했고, 1단계 프로그램의 기본 구조가 잡혔다고 자신의 근황을 전했습니다.

박지영 씨가 김민수의 노트를 천천히 살펴보더니 고개를 끄덕였습니다.

"잘하고 계시네요. 이제 혼자 할 수 있겠어요."

김민수는 당황스러웠습니다.

"아직 부족한데요. 계속 조언 부탁드려요."

박지영 씨가 조용히 웃으며 커피잔을 들었다가 내려놓았습니다.

"민수 씨, 이미 깨달음의 스위칭을 경험했잖아요. 마인드피티 6단계를 완성했고, 매일 아침 루틴을 지키고 계시고요. 이제 스스로 할 수 있어요."

"하지만…"

김민수는 말을 멈췄습니다. 솔직히 막막했고, 혼자 남겨질 것 같아 두려웠습니다. 박지영 씨가 그 마음을 알아차린 듯 부드럽게 물었습니다.

"혼자서 할 수 있을까 불안하죠? 외롭기도 하고요."

김민수는 고개를 끄덕였습니다. 박지영 씨가 따뜻하게 말했습니다.

"우리가 대화를 하는 지금도 그 막연함을 관찰하고 계시잖아요. 그게 1단계예요. 저한테 의지하고 싶은 마음도 느끼고 계시고, 외로움도 알아차리고 계시죠. 그것도 관찰이에요. 이미 혼자 할 수 있어요. 온전한 존재를 위해서는 스스로 일어서서 뚜벅뚜벅 걸어가야 해요. 누가 도와주는 건 독립한 존재가 될 수 없어요. 이는 존재한다고 할 수 없어요. 그리고 민수 씨, 혼자가 아니에요."

박지영 씨가 말을 이었습니다.

"〈마인드피티〉 네이버 카페에서 민수 씨처럼 자기 자신에 대해 고민하는 사람들이 모여서 성장의 경험을 나누는 곳이에요. 외롭거나 막막할 때 도움이 될 거예요."

김민수는 고개를 끄덕였습니다.

"감사합니다. 정말로."

김민수의 목소리가 떨렸습니다. 6개월간 너무나 많은 도움을 받은 사람이었습니다. 마음 훈련을 알려 준 사람이었고, 무너질 때마다 다시 일으켜 준 사람이었습니다.

박지영 씨가 커피잔을 내려놓으며 부드럽게 말했습니다.

"저는 여기까지예요. 필요하면 언제든 연락하세요. 하지만 이미 준비됐어요. 믿어요, 민수 씨."

김민수는 결연한 표정으로 말했습니다.

"마음 훈련 서비스 꼭 만들게요. 그래서 많은 사람을 도울게요."

"그럴 거예요. 응원할게요."

박지영 씨가 일어났습니다. 김민수도 일어나 악수를 했습니다.

"안녕히 가세요."

"민수 씨도 건강하세요. 잘될 거예요."

카페 밖으로 나가는 박지영 씨의 뒷모습을 바라봤습니다. 점점 멀어지는 모습이 보였고, 모퉁이를 돌아 사라졌습니다.

김민수는 혼자 남았습니다. 공허함과 외로움이 올라왔습니다. 하지만 두렵지는 않았습니다. 6개월 마음 훈련이 지탱해 줬고, 마음 근육이 버텨 줬습니다.

"나는 할 수 있다." 중얼거리며 집으로 향했습니다.

집에 돌아와 만다라트를 펼쳤습니다. 81칸이 빼곡했고, 중심에는 '마음 훈련 서비스'가 적혀 있었습니다.

오늘 할 일을 정리했습니다. 1단계 프로그램 상세 설계. 마음 알아차리기 단계를 어떻게 콘텐츠로 만들 것인가?

노트북을 열고 ChatGPT에 접속했습니다. 명확한 질문을 준비했습니다.

"내가 서비스를 하려는 시장을 깊이 있게 리서치해 줘. 그리고 누구를 상대로 마케팅을 해야 하고 어떻게 해야 효율적으로 그들에게 나의 메시지가 전달이 될 수 있을지 같이 고민해 보자."

AI의 답변이 구체적으로 나왔습니다. 시장 상황의 리서치, 단계별 접근법, 영상·오디오·텍스트 옵션들이 제시됐습니다.

김민수는 노트에 받아 적으며 자신이 성장한 경험을 추가했습니다. 6개월 전 첫 명상을 떠올렸을 때, 그때의 어려움이 생생했고, 어떻게 극복했는지도 기억났습니다. 그 경험들을 마케팅에 녹여야 했습니다.

모두가 같은 도구를 씁니다.

ChatGPT, Claude, Gemini. 2025년 현재 이 세 가지가 가장 많이 쓰이는 AI 도구이고, 누구나 접근할 수 있으며, 비용도 크게 들지 않습니다. 대기업 임원도 이 도구를 쓰고, 1인 기업가도 쓰며, 대학생도 쓰고, 주부도 씁니다. 같은 도구이고, 같은 인터페이스이며, 같은 가능성을 가지고 있습니다.

그런데 결과는 천차만별입니다. 어떤 사람은 놀라운 결과를 만들어내고, 어떤 사람은 평범한 답변에 실망하며, 어떤 사람은 아예 활용을 포기합니다.

왜 그럴까요? 차이는 '나를 아는 정도'에서 나옵니다.

▎사례1 — A 씨(회사원)

A 씨 AI로 뭐 할 수 있어요?

AI 다양한 일을 할 수 있습니다. 글쓰기, 번역, 코딩, 데이터 분석, 이미지 생성 등 여러 분야에서 도움을 드릴 수 있어요.

A 씨 아… 그렇구나. 근데 나한테 뭐가 맞을까?

막막합니다. 너무 많은 가능성이 오히려 혼란을 주고, 어디서부터 시작해야 할지 알 수 없으며, 결국 아무것도 하지 못하고 창을 닫습니다.

▎사례2 — B 씨(마케터)

B 씨 우리 제품 마케팅 자료 만들어 줘.

AI 제품에 대해 알려 주세요. 타깃은 누구인가요? 핵심 메시지는 무엇인가요? 어떤 채널에서 사용할 예정이신가요?

B 씨　음… 그냥 일반적인 걸로 해 줘. 보통 마케팅 자료처럼.

평범한 결과가 나오고, 수정이 필요하며, 몇 번 왔다 갔다 하다가 결국 시간만 낭비하고 직접 만드는 게 낫겠다고 생각합니다.

▎ 사례 3 — 김민수

김민수　저는 마음 훈련 서비스를 만들고 있습니다. 1단계는 '마음 알아차리기'이고, 명상 경험이 없는 30~40대 직장인이 대상입니다. 이들은 주로 불안과 외로움을 많이 느끼고, 타인의 평가를 두려워하는 경향이 있습니다. 5분 명상으로 시작하려고 하는데, 첫 명상 스크립트를 어떻게 구성하면 좋을까요? 저는 6개월 전 처음 명상했을 때 잡념이 너무 많아서 힘들었는데, 그 부분도 고려해 주세요.

AI 답변이 매우 구체적으로 나옵니다. 타깃의 감정 상태를 고려한 도입부, 잡념 대처법을 포함한 중반부, 부드러운 마무리까지 5분 스크립트 초안을 제시합니다.

김민수　좋네요. 여기에 '타인의 평가가 두렵다'는 감정을 직접 다루는 부분을 추가할 수 있을까요? 제 경험상 직장인들이 가장 많이 느끼는 감정이고, 이걸 명상 중에 관찰하게 하면 효과적일 것 같거든요.

AI가 즉시 추가 버전을 제공하고, 해당 부분을 어느 타이밍에 넣으면 좋을지까지 제안합니다. 차이는 무엇일까요?

A 씨는 자기를 모릅니다. 무엇을 좋아하는지, 무엇을 잘하는지, 무엇을 하고 싶은지 명확하지 않기 때문에 막연한 질문만 던지게 됩니다.

B 씨는 목표는 있지만 구체성이 부족합니다. 타깃이 누구인지, 어떤 메시지를 전달하고 싶은지, 어떤 감정을 불러일으키고 싶은지 명확하지 않습니다.

김민수는 자기를 압니다. 목표가 명확하고, 타깃을 이해하며, 자기 경험을 활용할 줄 알고, 구체적인 질문을 던질 수 있습니다.

결국, 질문의 차이입니다.

좋은 질문은 어디서 나올까요?

내면 인식에서 나옵니다.

주말, 친구를 만났습니다. 카페에서 자신이 만든 앱을 작동시켜 보여주었습니다.

"이거 한번 봐."

친구가 스마트폰을 들고 이리저리 앱을 만져 봅니다.

"어? 생각보다 괜찮은데?"

"진짜?"

"응, 목소리도 편안하고, 설명도 이해하기 쉬워. 너 이거 어디서 다운받았어?"

"내가 만든 거야. AI 도움받아서."

"AI? 나도 ChatGPT 쓰는데, 이런 건 못 만들던데?"

김민수는 웃으며 노트북을 열어 자기가 AI에게 던진 질문들을 보여줬습니다. 구체적이고, 명확하고, 경험이 녹아 있는 질문들이었습니다.

"와… 이렇게 물어보는 거구나."

"응. 근데 이렇게 물어보려면 나를 알아야 해."

친구가 고개를 갸웃했습니다.

"나를 안다는 게 뭔데?"

"내가 뭘 좋아하고, 뭘 잘하고, 뭘 하고 싶은지 아는 거지. 그게 명확해야 AI한테 제대로 물어볼 수 있어."

친구는 잠시 생각하다 고개를 끄덕였습니다.

"그러고 보니 나는 나를 잘 모르는 것 같네. 그냥 회사 일만 하다 보니…"

김민수는 친구의 말에 몇 달 전 자기 모습이 떠올랐습니다. 그때도 똑같았습니다. 나를 몰랐고, 그래서 막막했고, 그래서 불안했습니다.

퇴사 후 1개월의 결과를 노트에 정리했습니다.

> "1개월이 지났다."
>
> "기본 구조가 완성됐다. 1단계 콘텐츠 3개. 웹사이트 프로토타입. 만다라트 81칸 중 20% 진행."
>
> "AI는 놀라운 도구였다. 하지만 도구는 도구일 뿐이었다."
>
> "차이를 만든 건 나였다. 나를 아는 것. 목표를 아는 것. 방향을 아는 것."
>
> "6개월 마인드피티 훈련이 없었다면 불가능했을 것이다."
>
> "같은 AI를 써도 결과가 다른 이유를 이제 안다."

깨달음이 있었습니다. AI는 도구이고, 나는 방향이며, 내면 인식이 출발점이라는 것을.

남은 과제를 적었습니다. 2~6단계 콘텐츠, 플랫폼 고도화, 베타테스터 모집, 수익 모델 구체화. 하지만 확신이 있었습니다.

"나는 할 수 있다."

만다라트를 봤을 때, 81칸 중 아직 64칸이 남아 있었습니다.

"천천히, 하나씩."

Chapter Code : 같은 도구, 다른 결과

◆ 6개월 전과 지금
◆ 질문의 깊이가 만든 차이
◆ 내면 인식의 힘

도구는 같아도 질문이 다르면 결과가 다르다.
그 차이는 자기 이해에서 온다.

23장

재능 x AI = 무한 가능성

퇴사를 하고 6개월이 지났습니다.

김민수는 매일 루틴을 지켰고, 만다라트 81칸 중 60%가 채워졌습니다. 1~3단계 콘텐츠는 완성됐고, 4~6단계 콘텐츠를 제작하고 있었으며, 웹사이트는 베타 버전을 구축했습니다. 시제품 단계였습니다.

저녁 9시, 김민수는 소파에 앉아 유튜브를 켰습니다. 쉬면서 가볍게 영상을 보려고 했는데, 알고리즘이 흥미로운 영상들을 추천했습니다.

'편집 몰라도 유튜버 되는 법', '광고 대행사 퇴사 후 1인 창업 성공기', '1인 기업가들의 AI 활용법'

첫 번째 영상을 클릭했습니다.

화면에 30대 남성이 나타났습니다.

"저는 말하기와 기획은 자신 있었어요. 근데 영상 편집이 너무 어렵더라고요. 프리미어 프로 배우려고 유튜브 강의도 보고, 책도 샀는데… 포기했어요. 몇 번이나요."

남성이 웃으며 이어 갔습니다.

"그런데 AI 편집 도구를 알게 됐어요. 브루, 캡컷과 같은 거요. 영상만 찍으면 AI가 상당 부분 자동으로 편집해 줘요. 자막도 넣어 주고, 효과음도 넣어 주고, 섬네일도 만들어 줘요."

화면에 편집 전후 비교 영상이 나왔습니다. 날것의 영상이 AI를 거치자 깔끔하게 편집된 콘텐츠로 변했습니다.

"저는 이제 기획하고 촬영에 집중해요. 편집은 AI가 70% 정도 작업해요. 6개월 만에 구독자 5만 넘었어요."

김민수는 멈췄습니다.

"편집을 몰라도 유튜버가 될 수 있구나."

▎ 과거의 진입 장벽

- 유튜버가 되려면 기획, 촬영, 편집, 썸네일 디자인, 자막까지 모두 할 수 있어야 했습니다.
- 광고 기획사를 차리려면 전략 기획자, 디자이너, 카피라이터, 영상팀, 사무실까지 모두 필요했습니다.
- 강사가 되려면 강의 능력, 자료 제작, 마케팅까지 모두 할 수 있어야 했습니다.
- 운동 코치가 되려면 운동 지식, 영상 제작, 편집, 마케팅까지 모두 할 수 있어야 했습니다.

▎ 새로운 시대의 진입 장벽

- 유튜버가 되려면 기획과 촬영만 할 수 있으면 됩니다. 편집은 AI가 합니다.

- 광고 기획사를 차리려면 전략 기획만 할 수 있으면 됩니다. 디자인, 카피, 영상은 AI가 합니다.
- 강사가 되려면 강의 능력만 있으면 됩니다. 자료는 AI가 만듭니다.
- 운동 코치가 되려면 운동 지식만 있으면 됩니다. 편집은 AI가 합니다.

공통점이 보였습니다.
핵심 재능 1개만 있으면 됩니다. 나머지는 AI가 보완합니다.
재능 × AI = 완성품입니다.

▎ 재능의 재정의

- 과거에는 모든 걸 다 잘해야 했고, 그래서 조직이 없었다면 불가능했습니다. 10년 경력이 필요했고, 팀이 필요했으며, 자본이 필요했습니다.
- 현재는 한 가지만 잘하면 되고, 그래서 가능합니다. 재능을 발견하는 훈련과 AI면 충분합니다.

▎ 틈새시장의 폭발

- 과거에는 대중 시장만 가능했습니다. 큰 시장이 필요했고, 많은 사람을 타깃으로 해야 했습니다.
- 현재는 틈새도 가능합니다. 작은 시장도 수익화할 수 있고, 소수를 깊이 타기팅할 수 있습니다. 스마트폰의 출현 전에는 레거시 미디어에서 송출하는 상품이 가장 좋다고 느끼며 소비했다면, 지금은 각자의 개성에 맞추어 자신에게 맞는 소비를 하는 형태로

시장이 변했습니다. 그래서 각자가 가진 재능을 서비스화해서 재미와 의미 그리고 서사가 있다면 충분히 팔릴 수 있는 시장이 열리게 되었습니다. 이는 새로운 시대가 무르익으면 더 심화가 될 것입니다.

핵심 공식이 보였습니다.
"재능 × AI = 무한 가능성."
조건은 하나였습니다. 자기 재능을 알아야 합니다.
김민수는 영상들을 보고 나서 생각했습니다.
"이 사람들도 나랑 똑같구나."
"한 가지 재능 + AI."

만다라트를 펼쳤을 때, 중심에 적힌 '마음 훈련 서비스'와 주변에 적힌 것들이 보였습니다.

좋아하는 것 – 사람들 이야기 듣기

잘하는 것 – 공감하기

하고 싶은 것 – 사람들 돕기

...

"내 재능은 공감이다. 마음을 이해하는 것이다."

"유튜버는 편집을 몰라도 됐다. 광고 기획자는 팀이 없어도 됐다."

"나는 프로그램 제작 경험이 없다. 하지만 공감 능력은 있다."

"AI는 나머지를 도와준다."

김민수는 ChatGPT를 열었습니다. 새로운 시도를 해 보기로 했습니다.

"나는 마음 훈련 서비스를 만들고 있어. 인스타그램용 카드뉴스 10개 만들어 줘. 주제는 '불안 극복하기'야. 타깃은 30~40대 직장인이고, 톤은 따뜻하고 공감하는 느낌이어야 해."

10분 후, 10개 카드뉴스 초안이 완성됐습니다. 문구도 있고, 레이아웃 제안도 있었습니다.

"유튜브 쇼츠 스크립트 만들어 줘. 1분짜리, 직장인 대상, '마음 알아차리기' 주제. 공감할 수 있는 상황으로 시작해서 해결책을 제시하는 구조로."

5분 후, 스크립트가 완성됐습니다. 도입부는 직장인의 막연함을 공감하고, 중간부는 마음 알아차리기 방법을 설명하며, 마무리는 희망을 주는 메시지였습니다.

"블로그 글도 필요해. SEO 최적화된 글 3개. 주제는 '직장인 불안 극복 방법', '내면 인식의 중요성', '마음 훈련 시작하는 법'. 각 글은 2,000자 정도로, 실용적인 팁을 포함해서."

15분 후, 3개 블로그 글이 완성됐습니다. 검색 키워드도 포함돼 있고, 구조도 명확했으며, 실용적인 내용이었습니다.

김민수는 AI가 만든 초안을 검토했습니다. 자기 경험을 추가했고, 자기 언어로 다듬었으며, 마인드피티 6단계 내용을 녹였습니다. 2시간 작업 후 완성됐습니다.

▮ 과거였다면?

- 카드뉴스 10개를 만들려면 디자이너에게 100만 원을 주고 2주를 기다려야 했습니다.
- 유튜브 스크립트를 만들려면 작가에게 50만 원을 주고 1주를 기다려야 했습니다.
- 블로그 글 3개를 만들려면 작가에게 30만 원을 주고 1주를 기다려야 했습니다.
- 총 180만 원, 4주가 필요했습니다.

▮ 현재는:

- AI 작업 50분, 본인이 다듬는 시간 2시간이면 충분했습니다.
- 비용은 ChatGPT Plus 월 3만 원뿐이었습니다.

"이게 재능 × AI구나."
김민수는 이제 이해했습니다.
유튜브가 자동으로 다음 영상을 재생했습니다.

제목: "송길영 박사 – 대기업 신화는 끝났다."

김민수는 그냥 보기로 했습니다.

화면에 송길영 작가님이 나타났고, 인터뷰어가 질문을 던졌습니다.

"새로운 시대, 조직의 미래는 어떻게 보십니까?"

송길영 작가님이 답했습니다.

"200년간 인류는 중량 문명을 만들었습니다. 공장에 사람을 모으고, 크게 키우고, 규모로 경쟁했죠. '직원 10만 명!'이 자랑이었고, 투자를 많이 할수록 강했습니다. 하지만 이제 경량 문명으로 넘어갑니다. 흩어져도 일할 수 있고, 작아도 강하고, 빠르면 이기는 시대입니다."

화면에 사례들이 나타났습니다.

텔레그램 직원 30명. 1인 개발 툴 회사 연 300만 불 매출. AI 스타트업 10명으로 유니콘 기업.

"과거 60년은 크면 이겼습니다. 규모의 경제였죠. 앞으로 10년은 가볍고 빠르면 이깁니다. 속도의 경제입니다."

송길영 작가님이 이어 갔습니다.

"그리고 직원 시대에서 재능 시대로 넘어갑니다. 예전엔 조직에 속하는 것이 중요했어요. 직급이 정체성이었죠. 하지만 이제는 개인의 재능이 중요합니다. 무엇을 만들 수 있는가가 정체성이 됩니다."

김민수는 영상을 멈추고 이 말의 의미를 되새겼습니다.

"중량 문명에서 경량 문명으로…"

"직원 시대에서 재능 시대로…"

노트를 펼쳤습니다. 적기 시작했습니다.

```
┌─────────────────────────────────────────────┐
│              9개월 전(회사)                     │
│ ···············································  │
│                                               │
│  · 중량 조직: 기획팀, 팀장, 부장, 본부장          │
│                                               │
│           · 직원: 김 과장                       │
│                                               │
│         · 의사결정: 결재 라인 5단계              │
│                                               │
│         · 하나 바꾸려면: 두 달                   │
└─────────────────────────────────────────────┘

┌─────────────────────────────────────────────┐
│                지금(혼자)                       │
│ ···············································  │
│                                               │
│         · 경량 조직: 혼자 + AI                  │
│                                               │
│          · 재능: 공감 능력                      │
│                                               │
│          · 의사결정: 즉시                       │
│                                               │
│         · 하나 바꾸는 데: 하루                   │
└─────────────────────────────────────────────┘
```

"송길영 작가님이 말한 경량 문명. 내가 지금 만들고 있는 게 바로 그거구나."

"재능 시대. 나는 공감이라는 재능으로 마음 훈련 서비스를 만들고 있구나."

6개월 전까지만 해도 김민수는 '김 과장'이었습니다. 직급이 정체성이었고, 조직이 전부였습니다.

지금은 '김민수'입니다. 재능이 정체성이고, 결과물이 전부입니다.

송길영 작가님이 말한 전환이 자기 안에서 일어나고 있었습니다.

김민수는 생각했습니다.

"내가 할 수 있다면, 다른 사람도 할 수 있다."

말하기에 자신 있는 사람이라면 유튜버나 팟캐스터를 시도해 볼 수 있습니다. 전략 기획을 잘한다면 1인 컨설팅도 가능하고, 운동을 좋아한다면 피트니스 코칭을 할 수 있습니다. 가르치는 걸 좋아하면 온라인 강사가 될 수 있고, 글쓰기에 재능이 있다면 블로그나 뉴스레터를 운영할 수 있습니다.

분석 능력이 뛰어나다면 데이터 분석 서비스를, 상담을 잘한다면 온라인 코칭을, 기획 능력이 있다면 프로젝트 매니저를, 디자인 감각이 있다면 브랜딩 컨설팅을 할 수 있습니다. 그리고 마음을 이해하는 재능이 있다면 김민수처럼 마음 훈련 서비스를 만들 수 있습니다.

과거에는 이 모든 일을 혼자서 하기 위해 여러 기술을 다 배워야 했지만, 이제는 핵심 재능 하나만 있으면 AI가 나머지를 도와줍니다.

Chapter Code : 무한한 가능성

♦ 재능과 AI의 만남
♦ 혼자서도 의미있는 가치 창출
♦ 개인의 시대

자신의 재능을 발견하고 AI와 협업하면,
개인도 세상을 바꿀 수 있다.

4부

존재주의가 열어 가는
마음의 시대

24장

당신도 할 수 있다

1년이 지났습니다.

마인드피티 6단계를 배우며 자기를 알아 가는 과정, ChatGPT와 함께 콘텐츠를 만드는 과정, 웹사이트를 구축하는 과정, 베타테스터를 모집하는 과정, 피드백을 받고 수정하는 과정.

"첫 유료 회원 10명 모집."

베타테스터 20명 중 10명이 유료 전환했고, 1개월 구독료 1만 원씩 총 10만 원이 첫 수익이었습니다. 큰돈은 아니었지만, 의미는 컸습니다.

누군가 내가 만든 것에 돈을 낸다는 것, 그것이 가치가 있다고 인정받았다는 것에 김민수는 눈물이 났습니다. 슬픔도 아니고, 기쁨도 아니고, 그냥… 감사였습니다.

1년 전을 떠올렸습니다.

2024년 12월 초, 수요일 아침 9시. 부장실에 불려 가 'AI 구조조정으로 명예퇴직 제안'을 받았던 순간. 그때의 감정이 선명하게 기억났습니다.

불안, 두려움, 초라함, 방향 상실 그리고 설렘.

그리고 선택했습니다.

김 과장을 내려놓고, 김민수로 살기 시작했습니다.

	1년 전 김민수	현재 김민수
직급	김 과장	1인 기업 대표
정체성	회사원	마음 훈련 서비스 창업가
수익	연봉 6,500만 원	월 10만 원(시작 단계)
상태	불안, 초라함, 방향 상실	불안 있지만 대응 가능, 방향 명확
재능	모름	공감 능력, 마음 이해
목표	없음	명확함(81칸 만다라트 완성)

숫자만 보면 퇴보한 것처럼 보입니다. 직장에서 월 10만 원으로 떨어졌으니까요. 하지만 김민수는 알고 있었습니다. 이건 시작일 뿐이라는 것을. 그리고 1년 전보다 자신이 훨씬 온전하다는 것을.

베타테스터들의 피드백이 책상 위에 쌓여 있었습니다.

"1단계 명상 오디오 덕분에 아침이 달라졌어요."

"사랑의 태도 5가지를 연습하니까 나를 사랑할 수 있게 되면서 자신을 대하는 방식이 변했어요."

"러닝을 시작했는데, 생각보다 마음이 정리되네요. 덕분에 지속할 수 있었어요."

김민수가 1년 전 박지영 씨에게 받았던 변화를, 이제 다른 사람들도 경험하고 있었습니다. 물론 모두가 성공한 건 아니었습니다. 20명 중 10명만 유료 전환했고, 10명은 "아직은 어렵다."라며 그만뒀습니다.

그것도 괜찮았습니다. 모두를 도울 수는 없으니까요. 하지만 10명이라도 변화를 경험했다는 것, 그것만으로도 충분했습니다.

김민수는 생각했습니다.

'어딘가에서 나처럼 불안하고 초라하고 방향을 잃은 사람들이 많을 것이다. 그들에게 이 프로그램이 도움이 될 것이다.'

그게 목적이었고, 의미였으며, 재능을 쓰는 방법이었습니다.

김민수는 노트를 펼쳤습니다. 1년간 배운 것들을 정리하기 시작했습니다. "누군가 나에게 '어떻게 시작했어요?'라고 물어본다면, 뭐라고 대답할까?"

────────────┤ 지금 시작하는 방법 ├────────────

많은 사람이 "나도 뭔가 하고 싶은데 어떻게 시작해야 할지 모르겠어요."라고 말합니다. 김민수도 1년 전 그랬습니다. 막연했고, 두려웠고, 어디서부터 시작해야 할지 몰랐습니다.

하지만 1년을 살아보니 알게 됐습니다.

시작은 거창하지 않습니다. 아주 작은 것부터입니다.

첫 번째 : 나를 알아야 합니다.

무엇을 좋아하는지, 무엇을 잘하는지, 무엇을 하고 싶은지. 이 세 가지를 알지 못하면 아무것도 시작할 수 없습니다. AI를 써도, 도구를 배워도, 방향을 못 잡습니다. 대상이 정해져 있지 않다면 행동을 할 수 없습니다.

김민수는 마인드피티 6단계를 배우며 자기를 알아 갔습니다. 수개월이 걸렸고, 쉽지 않았지만, 그게 모든 것의 출발점이었습니다. 그리고 자신을 이해하고 김민수라고 대상을 특정할 수 있게 되었습니다.

마인드피티가 아니어도 괜찮습니다. 어떤 방법이든, 나를 알아 가는 과정이 필요합니다. 명상, 심리 상담, 코칭, 독서, 글쓰기, 러닝… 방법은 많습니다.
중요한 건 "나는 누구인가?"라는 질문을 던지고, 진지하게 답을 찾는 것입니다.

두 번째 : 만다라트를 만들어야 합니다.
자기를 알았다면, 다음은 목적과 목표를 구체화하는 것입니다. 막연한 '뭔가 하고 싶다'가 아니라, '나는 이런 목적을 위해 이걸 만들고 싶다는 목표'를 만드는 것입니다.

만다라트는 81칸짜리 목적과 목표 지도입니다. 중심에 큰 목적과 목표를 적고, 주변 8칸에 중간 구체적인 목표를 적고, 다시 각각을 9칸으로 나눠 구체적인 실행 과제를 적습니다.
김민수는 중심에 '마음 훈련 서비스, 온전한 삶'이라는 목적과 목표를 적었고, 주변에 '1~6단계 콘텐츠 제작', '웹사이트 구축', '베타테스터 모집' 등을 적었으며, 다시 각각을 구체적인 할 일로 나눴습니다.

81칸을 채우는 데 1년이 걸렸습니다. 하지만 이 지도가 있었기 때문에 길을 잃지 않았습니다.

세 번째 : 아침 루틴을 만들어야 합니다.

목표가 있어도, 매일 실행하지 않으면 의미가 없습니다. 아침 루틴은 하루를 시작하는 작은 세팅이고, 지속성을 만드는 핵심입니다.

김민수의 아침 루틴

5:30   기상

5:35   마음 알아차리기(5분 명상)

5:40   긍정과 감사(감사 3가지 적기)

5:45   러닝(30~60분)

6:45   샤워

7:00   아침 식사

7:20   만다라트 점검(오늘 할 일 확인)

7:30   하루 시작

이 루틴을 1년간 지켰습니다. 물론 가끔 무너졌지만, 다시 일어났습니다. 루틴이 있었기 때문에 방향을 잃지 않았습니다.

네 번째 : AI를 활용해야 합니다.

자기를 알고, 목표가 명확하고, 루틴이 있다면, 이제 AI를 써야 합니다. 혼자서 할 수 없는 일들을 AI가 도와줍니다.

김민수는 ChatGPT로 콘텐츠를 만들고, AI 편집 도구로 영상을 편집하고, AI 디자인 도구로 웹사이트를 만들고, AI 마케팅 도구로 홍보 자료를 만들었습니다.

과거였다면 팀이 필요했을 일을 혼자서 했습니다. AI 덕분에 가능했습니다.

하지만 AI는 도구일 뿐입니다. 방향은 내가 잡아야 하고, 재능은 내가 가지고 있어야 하며, 명확한 질문은 내가 던져야 합니다.

다섯 번째 : 작게 시작해야 합니다.

처음부터 완벽할 필요 없습니다. 작게 시작하고, 빠르게 실패하고, 빠르게 배우고, 다시 시도하면 됩니다.

김민수는 1단계 콘텐츠를 만들 때 10번 넘게 수정했습니다. 웹사이트도 3번 갈아엎었습니다. 베타테스터 모집도 처음엔 아무도 지원하지 않았습니다. 하지만 포기하지 않고 계속 시도했습니다. 작은 성공 경험이 쌓이기 시작했고, 그게 다음 단계로 가는 힘이 됐습니다.

첫걸음

가장 어려운 건 첫걸음입니다. '나는 못 할 것 같아.'라는 생각이 가장 큰 장벽입니다.

김민수도 그랬습니다. 1년 전 퇴사 통보를 받았을 때, '나는 아무것도 할 수 없어.'라고 생각했습니다. 6년 회사 생활이 전부였고, 그 밖에는 아무것도 모른다고 생각했습니다.

하지만 자신 있게 말할 수 있습니다.

"사람은 누구나 고유의 재능을 가지고 태어납니다. 당신도 반드시 발견하지 못한 재능을 가지고 있어요. 단지 몰랐을 뿐입니다."

재능은 거창한 게 아니라는 것을, 작은 것도 재능이 될 수 있다는 것을 알게 될 것입니다. 누가 공감하는 것을 재능이라고 할 수 있을까요? 하지만 저는 자신을 특정하고 이해하려 노력한 끝에, 공감이 저의 재능이라는 것을 특정할 수 있었습니다. 첫걸음은 이렇게 시작됩니다.

1. "나는 무엇을 좋아하고 잘하지?" 질문하기
2. 하루 5분 명상하며 마음 알아차리기
3. 긍정과 감사 노트에 적기
4. 만다라트 중심 칸에 "하고 싶은 것" 적어 보기
5. ChatGPT 열고 질문 하나 던져 보기

이 다섯 가지 중 하나만 해도 충분합니다. 첫걸음은 작아도 됩니다. 중요한 건 시작하는 것입니다.

작은 성공 경험이 중요한 이유

1. 자신감을 줍니다. "나도 할 수 있구나."를 체감합니다.
2. 다음 단계로 가는 힘이 됩니다. "한 번 했으니 다음도 할 수 있어."
3. 방향을 잡아 줍니다. "이 길이 맞구나."를 확인합니다.
4. 무너져도 다시 일어나게 합니다. "전에도 했잖아."

김민수는 중간에 여러 번 무너졌습니다. 콘텐츠가 잘 안 만들어질 때, 베타테스터가 안 모일 때, 피드백이 안 좋을 때. 하지만 작은 성공 경험들이 다시 일으켜 줬습니다.

"나는 1단계를 완성했어. 웹사이트도 만들었어. 베타테스터도 모집했어. 이번에도 할 수 있어."

선순환 만들기

김민수의 1년은 선순환의 과정이었습니다.

1단계 l 마음 훈련 → 자기 이해

마인드피티 6단계를 배우며 자기를 알아 갔습니다. 좋아하는 것, 잘하는 것, 하고 싶은 것을 발견했습니다.

2단계 l 자기 이해 → 명확한 목표

자기를 알았기 때문에 목적과 목표가 명확해졌습니다. "온전한 삶을 살아가기 위해 자신을 사랑하고 마음 훈련 서비스를 만들겠다." 라는 구체적인 목적과 목표가 생겼습니다.

3단계 l 명확한 목적과 목표 → 좋은 질문

목적과 목표가 명확했기 때문에 AI에게 좋은 질문을 던질 수 있었습니다. "30~40대 직장인을 위한 마음 알아차리기 명상 스크립트를 만들어 줘. 5분짜리로, 따뜻하고 공감하는 톤으로."

4단계 l 좋은 질문 → 좋은 결과

좋은 질문이 좋은 답변을 만들고, 좋은 답변이 좋은 콘텐츠를 만들었습니다.

5단계 ㅣ 좋은 결과 → 작은 성공

좋은 콘텐츠가 베타테스터들에게 피드백을 받고, 피드백이 다시 더 좋은 콘텐츠를 만들고, 결국 유료 전환으로 이어졌습니다.

6단계 ㅣ 작은 성공 → 자신감

작은 성공이 "나도 할 수 있다."는 자신감을 줬고, 자신감이 다음 단계로 가는 힘이 됐습니다.

7단계 ㅣ 자신감 → 다시 마음 훈련

자신감이 생기면 다시 마음 훈련으로 돌아갑니다. 더 깊이 나를 이해하고, 더 명확한 목표를 세우고, 더 좋은 질문을 던집니다.

이게 선순환입니다.
반대로 악순환도 있습니다.

악순환

자기 모름 → 막연한 목표 → 막연한 질문 → 막연한 결과 → 실패 → 좌절 → 포기

김민수는 선순환을 만들었기 때문에 1년을 버틸 수 있었습니다.

김민수의 변화가 주는 희망

김민수는 특별하지 않았습니다. 35세, 평범한 회사원의 직장인. 특별한 학력도, 특별한 경력도, 특별한 재능도 없었습니다.

하지만 1년 후 마음 훈련 서비스를 만들었고, 10명의 유료 회원을 모집했으며, 그들의 삶을 조금이나마 변화시켰습니다.

어떻게 가능했을까요?

첫째, 마음 훈련을 했습니다.

마인드피티 6단계를 배우며 마음 근육을 만들었고, 스스로 사랑할 수 있게 되어 자존감을 회복하고 성장시켜 흔들림이 와도 무너지지 않는 힘을 길렀습니다.

둘째, 자기를 알았습니다.

좋아하는 것, 잘하는 것, 하고 싶은 것을 발견했고, 그게 방향이 됐습니다.

셋째, AI를 활용했습니다.

혼자서 할 수 없는 일들을 AI가 도와줬고, '재능 × AI = 완성품'이 됐습니다.

넷째, 포기하지 않았습니다.

목적과 목표를 명확하게 하고 자존감을 회복했더니 여러 번 무너졌지만, 다시 일어날 수 있었습니다. 루틴이 있었고, 작은 성공 경험이 있었고, 선순환이 있었기 때문입니다.

김민수가 할 수 있었다면, 당신도 할 수 있습니다.

당신이 35세든, 45세든, 25세든 상관없습니다. 직장인이든, 프리랜서든, 학생이든 상관없습니다. 재능이 뭔지 모르든, 목표가 없든, AI를 한 번도 안 써 봤든 상관없습니다.

그냥 시작하면 됩니다. 그리고 계속하면 됩니다.

첫걸음은 작아도 됩니다. 5분 명상, 긍정과 감사 노트에 적기, 만다라트 중심 칸 하나 채우기, ChatGPT에 질문 하나 던지기.

그게 첫걸음입니다.

그리고 내일 또 한 걸음, 모레 또 한 걸음. 작은 성공 경험이 쌓이고, 선순환이 만들어지고, 1년 후 당신은 지금과 다른 사람이 되어 있을 것입니다.

6개월이 더 지났습니다.

김민수는 강남역 근처 한 빌딩 20층 미팅룸에 서 있었습니다. 창밖으로 서울 시내가 보였고, 테이블 건너편에는 투자사 대표와 투자심사역 두 명이 앉아 있었습니다.

1년 6개월 전, 이 자리를 상상이나 했을까요?

김 과장으로 살던 35세 직장인이, 퇴사 통보를 받고 무너질 뻔했던 그 사람이, 지금 투자사 앞에 서 있습니다.

김민수는 심호흡을 했습니다. 1년 6개월 전 배웠던 마음 알아차리기가 작동했습니다. 흔들림이 올라왔지만, 관찰했고, "이건 긴장한 것뿐이야."라고 말하며 대응을 합니다.

노트북을 열었습니다. 화면에 첫 슬라이드가 떴습니다.

"마음 훈련 서비스 – 직장인을 위한 마인드 피트니스"

투자사 대표가 말했습니다.

"시작하시죠."

김민수는 고개를 들었습니다. 목소리가 떨리지 않았습니다.

"안녕하십니까? 마음 훈련 서비스를 만든 김민수입니다."

이후 김민수 씨가 어떻게 될지는 아무도 모릅니다. 투자를 받을지, 사업이 성공할지, 10만 명을 도울 수 있을지.

하지만 한 가지는 확실합니다.

김민수는 자기를 발견했습니다. 좋아하는 것, 잘하는 것, 하고 싶은 것을 알게 됐습니다. 그리고 그 길을 걷고 있습니다.

1년 6개월 전 김 과장은 방향을 잃었지만, 지금 김민수는 방향이 명확합니다. 어떤 결과가 나오든, 그는 계속 걸어갈 것입니다.

AI 시대는 이런 사람들에게 기회를 줍니다.

자기 재능을 아는 사람, AI와 함께 생산성을 높이는 사람, 작은 것부터 시작해서 선순환을 만드는 사람. 큰 조직 문명에서 개인의 재능 시대로 넘어가는 지금, 자기 길을 찾아 걷는 사람들이 성공하는 시대가 열리고 있습니다.

Chapter Code : 당신도 할 수 있다

- ◆ 특별한 사람이 아니어도
- ◆ 김민수처럼 시작하기
- ◆ 변화는 가능하다.

이것은 특별한 사람들의 이야기가 아니라,
우리 모두의 이야기다.

25장

기본소득만으로는 부족하다

AI가 일자리를 대체하면 이렇게 될 것입니다. 공장에서는 로봇이 조립하고, 콜센터에서는 챗봇이 상담하고, 도로에서는 자율주행차가 달리는 일이 이미 2025년 현재 우리의 일상에서 벌어지고 있습니다. 일부 연구에서는 2030년까지 전 세계 일자리의 14~30%가 자동화될 수 있다고 전망합니다.

그렇다면 사람들은 무엇을 하며 살아갈까요? 어떻게 먹고 살까요?

당연한 질문입니다. 그리고 이미 많은 연구를 통해 답을 준비해 두었습니다. 경제학자들이 제시하는 해법은 크게 두 가지입니다.

첫 번째는 기본소득(Universal Basic Income)입니다. 모든 국민에게 조건 없이 일정 금액을 지급하는 것입니다. 논리는 간단합니다. 생산은 AI가 담당하고, 그로 인한 부를 재분배하면, 인간은 기본적인 생활이 가능하다는 것입니다. 일론 머스크, 마크 저커버그, 앤드류 양 같은 사람들이 지지합니다.

두 번째는 로봇세(Robot Tax)입니다. AI나 로봇이 사람 대신 일하면 세금을 부과하자는 것입니다. 사람을 고용하면 인건비를 내듯, 로봇을 쓰면 세금을 내는 것입니다. 그 세금으로 기본소득 재원을 마련하자는 논리입니다. 빌 게이츠가 지지합니다.

경제적으로 논리적이고, 실현 가능해 매력적으로 보입니다. 그런데 정말 기본소득 개념만으로 충분할까요?

핀란드는 2017년부터 2018년까지 2년간 실험을 했습니다. 무작위로 선정된 실업자 2,000명에게 월 560유로로, 한화로 약 70만 원을 무조건 지급했습니다. 아무 조건도 없었습니다. 일을 해도 되고, 안 해도 됩니다. 공부를 해도 되고, 쉬어도 됩니다.

기대는 컸습니다. 경제적 안정감이 생기면 행복도가 올라갈 것이고, 생존 압박이 사라지면 새로운 시도를 할 것이며, 창업이나 재교육에 나설 것이라고 예상했습니다.

결과를 보면 행복도와 삶의 만족도는 분명히 개선되었습니다. 하지만 취업률 향상은 나타나지 않았습니다. 스트레스는 감소했지만, 동시에 무기력감을 호소하고 새로운 시도는 기대보다 훨씬 적었습니다. 왜 그랬을까요?

핀란드만이 아닙니다. 케냐에서는 GiveDirectly라는 단체가 빈곤 마을 주민들에게 기본소득을 지급했습니다. 식량이 안정되었고, 아이들 교육에 투자가 늘었습니다. 단기적 안정 효과는 확실했지만, 장기적 효과에 대해서는 아직 연구가 진행 중입니다.

캐나다 온타리오주에서도 4,000명을 대상으로 실험을 시작했습니다. 하지만 정권이 바뀌면서 조기 중단되었습니다. 얻은 교훈은 단기 실험으로는 부족하다는 것이었습니다.

미국 알래스카주는 1982년부터 영구 기금을 운영하고 있습니다. 석유 수익을 주민들에게 나눠 주는 것인데, 연간 1,000달러에서 2,000달러를 지급합니다. 빈곤율이 감소하고 소비가 증가하는 등 긍정적 효과가 있었지만, 삶의 의미나 만족도에서 큰 변화는 관찰되지 않았습니다.

앞선 사례들에서 공통적으로 발견할 수 있듯이, 돈은 해결책의 일부일 뿐 그 이상의 무언가가 필요합니다. 우리는 이러한 필요를 더 깊이 이해하기 위해 인간의 욕구를 단계별로 정리한 매슬로의 이론을 살펴볼 수 있습니다.

1단계는 생리적 욕구—먹고 자는 것입니다. 기본소득으로 해결 가능합니다.

2단계는 안전 욕구—안정적인 환경입니다. 이것도 기본소득으로 해결 가능합니다.

하지만 3단계부터는 다릅니다.

3단계는 소속과 사랑의 욕구—누군가와 연결되고 싶은 욕구입니다. 기본소득으로는 해결되지 않습니다.

4단계는 존중과 인정욕구—내가 가치 있는 사람이라고 느끼고 싶은 욕구입니다. 돈으로는 안 됩니다.

5단계는 자아실현 욕구—내 잠재력을 발휘하고 싶은 욕구입니다. 이것도 돈으로 되지 않습니다.

기본소득은 1단계와 2단계를 해결할 수 있지만, 그 위로는 해결하지 못합니다. 사람들이 진짜 원하는 것은 물질 이상의 정신적인 지점에 있기 때문입니다. "나는 사회에서 가치 있는 사람이다."라고 느끼고 싶어 하는데, 이건 돈으로 되지 않습니다. 스스로 느껴야 생기는 감정이고, 누군가에게 도움이 된다는 느낌을 원하지만 단순히 돈을 받는 것만으로는 이 감정이 생기지 않습니다. 실제로 기여를 해야 느낄 수 있는 것이기 때문이지요.

의미 있는 사람 간의 연결도 마찬가지입니다. 시간을 들여 만들어 가야 하는 것이지, 돈으로 살 수 없는 것입니다. 그리고 가장 근본적으로는 "내 존재의 이유는 무엇인가?"라는 질문에 답을 원하는데, 기본소득은 이 질문에 답하지 못합니다. 진정으로 사람 간의 연결은 대상을 사랑할 때 비로소 이어집니다.

아래 사례들은 실제 기본소득 연구와 인터뷰에서 반복적으로 확인되는 유형을 바탕으로 구성한 것입니다.

▌ 사례 ①

A 씨는 45세 공장 노동자로 근무했습니다. AI 도입으로 실직했습니다. 다행히 기본소득으로 월 100만 원을 받게 되어서 처음 3개월은 괜찮았습니다. 쉬고 싶었으니까요. 하지만 6개월이 지나자 자신에게 질문이 생겼습니다.

"나는 뭘 하며 사나?"

1년이 지나자 무력감이 왔습니다. 우울증이 찾아왔습니다. 스스로에게 물었습니다.

"나는 과연 쓸모없는 사람인가?"

사례 ②

B 씨는 38세 상담원으로 근무했습니다. 그녀를 고용한 기업에서 챗봇의 도입으로 퇴직했습니다. 기본소득으로 생활이 가능했습니다. 처음엔 좋았습니다. 평소에 하고 싶던 휴식과 여행을 했습니다. 하지만 몇 달 후에는 매일 자신에게 물었습니다.

"오늘 뭐 하지?"

시간은 의미 없이 흘러갔습니다. 그리고 스스로를 자책하기 시작했습니다.

사례 ③

C 씨는 52세 전직 운전기사였습니다. 자율주행차 상용화로 실직했습니다. 기본소득을 받았습니다. 경제적으로는 괜찮았습니다. 하지만 정체성을 잃었습니다.

"나는 누구인가?"

30년을 넘게 운전기사였던 사람입니다. 이제 그게 아니라면, 그는 누구인가요?

이들에게는 공통점이 있습니다. 돈 문제는 해결되었지만, 존재의 문제는 해결되지 않았습니다. 자존감, 기여감, 목적을 잃었습니다. 그들은 반복해서 자신에게 물었습니다.

"나는 쓸모없는 사람인가?"

물론 모두가 좌절하는 것은 아닙니다. 위기 속에서 새로운 의미를 찾아내는 이들도 존재합니다. 다만, 대규모 실업 사태가 예상되는 미래에는 상당수가 이와 같은 위기를 겪을 위험이 있다는 것을 간과해서는 안 됩니다.

빅터 프랭클(Viktor Frankl)이라는 심리학자가 있습니다. 나치 수용소에서 살아남은 사람입니다. 그는 『죽음의 수용소에서』라는 책을 썼습니다. 그 책에서 핵심 통찰을 남겼습니다.

"인간에게 가장 중요한 것은 의미다. 의미만 있으면 고통도 견딜 수 있다. 의미가 없으면 안락함도 견딜 수 없다."

수용소에서 극한의 고통을 겪었던 사람들 중에서, 프랭크는 삶의 의미를 발견한 사람들이 더 잘 버텨냈다고 관찰했습니다. 의미가 있으면 살아갈 이유와 에너지가 생기기 때문입니다.

기본소득 시대에는 먹고사는 문제로 인한 불안함의 고통은 없습니다. 하지만 자신이 사회에 기여가 없는 상태에서는 의미도 없습니다. 안락하지만 공허합니다. 프랭클의 통찰대로라면, 이것은 견디기 어렵습니다. 실제로 여러 연구 결과가 이를 뒷받침하고 있습니다. 의미 있는 삶을 사는 사람은 행복하고, 돈이 많아도 의미가 없으면 불행하다는 것이지요. 의미는 인간의 가장 깊은 욕구입니다.

왜 사람들은 일을 해야 한다고 생각할까요? 돈 때문이라고 대답할 수 있습니다. 일부는 맞지만 진짜 이유는 더 깊은 곳에 있습니다.

일은 정체성을 줍니다.

"나는 교사다." "나는 의사다." "나는 엔지니어다."

일은 내가 누구인지 말해 주는 것이기도 합니다. 그리고 일은 기여감을 주고 그 일을 잘 해내었을 때 성취감과 타인으로부터 인정을 받게 되면서 인정욕구를 채우게 됩니다. 학생을 가르치고, 환자를 치료하고, 제품을 만들어 내서 누군가에게 도움이 된다는 느낌 말이지요.

일은 의미를 줍니다. 이때 의미는 사회에 기여하는 데서 발생하는 생각으로서 내 존재의 이유를 말해 줍니다.

일은 돈벌이만이 아닙니다. 일은 존재를 증명하는 행위이기도 합니다.

AI가 일을 대체하면 어떻게 될까요? 일부 학자들은 '일의 재정의'가 일어날 것이라고 말합니다. 새로운 형태의 일, 새로운 의미가 생길 수 있다는 것이지요. 하지만 그 과정에서 많은 사람이 방향을 잃을 위험이 있습니다. 일의 재정의가 생기더라도 인간의 욕구는 재정의되지 않기 때문입니다.

AI 시대를 맞이하여 사람들은 의미를 찾는 방법이 필요합니다. 자기 이해가 필요하고, 마음 교육이 필요하며, 존재주의가 필요합니다.

돈과 마음, 둘 다 있어야 인간은 온전합니다.

변화는 우리 생각보다 훨씬 빠르게 오고 있어 그리 시간이 많지 않아 보입니다. 바로 자신의 마음을 이해하고 연습을 시작해야 할 때입니다.

Chapter Code : 기본소득만으로는 부족하다

- ◆ 경제적 안정의 한계
- ◆ 존재의 의미 필요
- ◆ 마음의 온전함

돈만으로는 행복할 수 없다.
존재의 의미와 마음의 온전함이 함께해야 한다.

26장

시대의 가속 –
머스크와 손정의가 본 미래

최근 손정의 소프트뱅크 회장이 한국을 방문해 대통령을 만났습니다. 손 회장은 과거에도 한국 대통령에게 조언해 왔던 사람입니다. 1998년 김대중 대통령을 만났을 때는 "첫째도, 둘째도, 셋째도 브로드밴드."를 강조했습니다. 그리고 한국은 초고속 인터넷 강국이 되었습니다. 2019년 문재인 대통령을 만났을 때는 "첫째도, 둘째도, 셋째도 AI."를 강조했습니다. 물론 그는 자신의 이해관계 때문에 이런 조언을 했지만, 이는 시대 흐름을 읽을 수 있는 중요한 단서로서 의미를 갖습니다.

이번에는 무엇을 말했을까요?

"첫째도, 둘째도, 셋째도 ASI."

ASI는 Artificial Super Intelligence의 약자로 초인공지능을 말합니다. 그의 표현을 빌리자면 ASI는 인간보다 1만 배 뛰어난 수준이라고 합니다.

AGI와 ASI는 다릅니다. AGI는 Artificial General Intelligence, 즉 범용 인공지능으로 인간과 동등한 수준을 말합니다. 하지만 ASI는 인간을 훨씬 초월하는 것을 말합니다.

손 회장은 이렇게 비유했습니다.

"금붕어와 인간의 두뇌를 비교하면 격차가 엄청납니다. 앞으로는 인류의 지적 위치는 금붕어처럼 되고 AI가 인간처럼 되는 모습이 펼쳐질 것입니다."

금붕어는 인간을 이해할 수 없습니다. 인간이 무슨 생각을 하는지, 왜 그렇게 행동하는지, 무엇을 계획하는지 알 수 없습니다. 격차가 너무 크기 때문이지요. 인간과 ASI도 비슷해질 수 있습니다. ASI가 무슨 생각을 하는지, 어떻게 작동하는지, 무엇을 계획하는지 인간은 이해하기 어려워질 수 있습니다.

이것은 단순히 새로운 기술의 등장이 아닙니다. 인간 존재의 지위가 재정의되는 거대한 변화입니다. 미래학자 레이 커즈와일은 이 순간을 '특이점(Singularity)'이라고 불렀습니다. 인공 일반 지능(AGI)이 인류 지성을 뛰어넘어 스스로를 개량하는 순간, 그때부터 기술 발전의 속도는 인간의 예측을 불가능하게 만들 정도로 폭발적으로 증가한다는 것입니다. 커즈와일은 2045년경 이 특이점이 도래할 것으로 예측했습니다. 하지만 손정의와 일론 머스크가 보는 미래는 그보다 훨씬 빠릅니다. 이 변화가 얼마나 빠르게 올까요?

많은 사람이 묻습니다. "AGI는 언제 오나요?"

AGI는 인간과 동등한 수준을 말하며 2027년, 2030년, 학자들마다 예측이 다릅니다.

하지만 손정의 회장은 다른 질문을 던집니다. 우리가 던져야 할 질문은

AGI가 아니라 ASI가 언제 등장하느냐라는 것입니다.

손정의 회장은 "임박했다."라고 표현했습니다. 10년? 아니, 더 짧을 수 있다고 말합니다. 일론 머스크는 2026~2027년에 AGI가 올 가능성을 언급한 바 있습니다. 그렇다면 ASI는 2030년 이전일 수도 있습니다.

이번 대담을 들으면서 가장 먼저 공포감이 느껴졌습니다.

금붕어라는 비유를 듣는 순간, 무기력감이 밀려왔습니다. 내가 주체적으로 살아갈 수 없을 것만 같은 공포가 엄습했습니다. 손정의 회장이 ASI의 압도적인 능력을 설명하기 위해 선택한 표현이었겠지만, 금붕어 비유가 너무 와닿았기 때문에 쉽게 지나칠 수 없었습니다.

그런데 이상하게도 공포 속에서 제 마음속에는 희망도 함께 발견했습니다. 생각해 보면 우리는 이미 AI와 협업하는 능력을 갖추고 있습니다. 이 능력을 제대로 발휘한다면, AGI는 인류의 문명을 한 단계 더 높은 곳으로 끌어올릴 수 있지 않을까 하는 희망을 가졌습니다.

이런 공포와 희망 사이에서, 손 회장은 명확한 방향을 제시했습니다. 우리가 AI를 통제하고 관리하려는 생각에서 벗어나 새로운 사고방식으로 AI와 조화롭게 살아가는 것을 고민해야 한다는 것입니다.

통제하기 어려워질 수 있습니다. 그렇다면 조화롭게 살아가는 방법을 찾아야 합니다. 이것은 산업을 이끄는 소수 결정권자들만의 과제가 아닙니다. 우리 모두가 감시하고 함께 길을 모색해야 합니다.

미국과 중국은 이미 뒤를 돌아보지 않고 AI에 올인하는 모습을 보이고, 한국도 그 뒤를 이어 정부와 기업이 AI를 향해 나아가고 있습니다. 개개인의 공포와 희망은 상관없이 세계는 AI 시대를 향해 폭주하는 기차처럼 보입니다. 코앞으로 다가온 AI 시대의 사회 변화를 그냥 지켜보기에는 그 속도가 너무 빠르게 진행되고 있습니다.

Chapter Code : 시대의 가속

- 머스크와 손정의의 예측
- AGI와 ASI의 도래
- 남은 시간

↓

변화는 생각보다 빠르게 온다.
지금 시작하지 않으면 늦는다.

27장

돈이 목적이 아닌 사회가 주는 인류의 기회

지난 200년간 자본주의 사회에서 돈은 모든 것이었습니다. 성공의 척도였고, 행복의 조건이었으며, 사회적 지위를 나타내는 것이었습니다. 자아실현의 수단이기도 했지요.

이것은 당연했습니다. 돈은 곧 생존이 걸려 있었기 때문입니다.

결과적으로 인간이 낼 수 있는 모든 에너지가 돈에 포커싱되었습니다. 좋아하는 일보다 돈 되는 일을 선택했고, 재능보다 수익성을 따졌으며, 의미보다 생존을 우선시했습니다. 하고 싶은 것보다 해야 하는 것을 했습니다.

A 씨는 화가를 꿈꿨습니다. 그림 그리기를 좋아하고 미술 재능도 있었지만 먹고살 수 없었습니다. 안정적인 회사에 취업했고, 캔버스 대신 엑셀 시트 앞에 앉아 있습니다.

B 씨는 사회운동에 관심이 많았고 세상을 바꾸고 싶었습니다. 하지만 월급이 적었기 때문에 대기업에 입사했고, 의미는 월급명세서 어딘가에서 사라졌습니다.

C 씨는 철학 연구를 하고 싶었고 사유하고 글쓰기를 좋아했지만, 수익이 나지 않았습니다. 입시 학원 강사가 되었고, 플라톤 대신 수능 문제를 가르칩니다.

이들에게서 공통점을 발견할 수 있습니다. 재능이 있어도, 의미를 찾아도, 하고 싶은 것이 있어도, 돈 때문에 포기했다는 것이지요.

물론 모든 사람의 재능이 억압된 것은 아닙니다. 그러나 생계가 불안정한 환경에서는 개인이 위험을 감수해 재능을 실현하기보다 안정성을 선택하도록 유도되는 경향이 강하게 나타납니다. 예술가가 될 수 있었던 사람이 회사원이 되었고, 연구자가 될 수 있었던 사람이 영업직이 되었습니다. 사회운동가가 될 수 있었던 사람은 공무원이 되었고, 작가가 될 수 있었던 사람은 마케터가 되었습니다.

자본주의적 인센티브 구조가 이런 선택 편향을 만들어 왔고, 그 결과 사회는 나올 수 있었던 예술, 발견될 수 있었던 지식, 일어날 수 있었던 변화의 많은 부분을 잃게 되었습니다.

그런데 지금 변화가 시작되고 있습니다.

앞 장에서 본 일론 머스크와 손정의의 전망을 떠올려 보세요. 머스크는 AI가 생산 비용을 크게 낮춰 물질적 풍요를 증가시킬 가능성을 전망했고, 손정의는 ASI가 임박했으며 변화 속도가 매우 빠를 것이라고 경고했습니다.

생산 비용 하락이 자동으로 기본소득을 의미하는 것은 아닙니다. 물질적 풍요가 증가한다고 해서 자동적으로 생존이 보장되는 것도 아닙니다.

그러나 충분한 정책적 의지가 수반될 경우, 과거보다 훨씬 낮은 비용으로 인간의 기본 생활을 충족시킬 기반이 만들어질 가능성은 분명히 존재합니다.

그렇게 되면 돈의 절대적 중요성이 지금보다 줄어들게 됩니다. 생존을 위해 돈이 절실하지 않게 되는 것이지요. 여기서 '돈이 목적이 아닌 사회'란, 생존의 압박이 줄어들어 개인의 선택 기준이 '생존 중심'에서 '의미·재능 중심'으로 이동하는 사회적 구조 변화를 의미합니다.

새로운 패러다임이 등장하면 두려움은 자연스러운 반응입니다.
"일자리가 사라지면 어떡하지?" "돈을 못 벌면 어떡하지?"
이런 질문들이 나옵니다.
하지만 다른 각도에서 생각해 볼 수 있습니다. 돈 때문에 억눌렸던 재능이 폭발할 기회가 된다는 관점 말입니다.

A 씨를 다시 생각해 봅니다. 그는 그림 재능이 있었지만, 과거에는 그림으로 먹고살 수 없어서 포기했습니다. 그런데 기본소득으로 생존이 보장되고 AI 도구가 기술적 부분을 보완해 준다면 어떻게 될까요? 편집과 마케팅, 유통까지 AI가 지원한다면, 그는 작품에만 집중할 수 있게 됩니다. 소수의 팬만 있어도 의미 있는 활동이 가능해집니다.

B 씨도 마찬가지입니다. 기본소득으로 생존이 보장되고 AI가 자료 조사와 콘텐츠 제작, 홍보를 지원한다면, 그는 순수한 사회운동에만 집중할 수 있게 됩니다. 작은 변화라도 만들어 낼 수 있게 되는 것이지요.

C 씨는 철학 연구로 돌아갈 수 있습니다. 기본소득으로 생존이 보장되고 AI가 자료 정리와 번역, 출판을 지원한다면, 그는 사유와 글쓰기에만

집중할 수 있게 됩니다. 소수의 독자에게라도 의미를 전달할 수 있게 되는 것이지요.

물론 AI 도구에 대한 접근성, 기술 격차, 규제 환경 등의 변수가 존재합니다. 그러나 과거와 비교하면 '생산 수단의 민주화'는 매우 빠르게 진행되고 있으며, 1인이 할 수 있는 일의 규모가 압도적으로 커진 것을 부정할 수 없습니다. 핵심은 재능과 AI의 결합입니다.

영화감독이 꿈이었다면 과거에는 수십억 자본과 100명 이상의 팀이 필요해서 불가능했습니다. 하지만 이제는 AI 영상 도구와 스토리텔링 재능만 있으면 시도해 볼 수 있게 되고 있습니다. 처음에는 완벽하지 않겠지만, 계속 발전시킬 수 있습니다.

교육자가 꿈이었다면 과거에는 학교와 강의실이 필요해서 제한적이었습니다. 하지만 이제는 AI 콘텐츠 도구와 가르침 재능만 있으면 전 세계를 대상으로 시도해 볼 수 있게 되고 있습니다. 온라인 강의, 유튜브, 블로그 등 채널도 많아졌습니다.

핵심 재능만 있으면 AI가 나머지를 보완해 주는 구조가 형성되고 있습니다. 이것이 과거와 가장 크게 달라진 점입니다.

그런데 여기에는 전제가 하나 있습니다. 자기를 알아야 한다는 것이지요. 무엇을 좋아하는지, 무엇을 잘하는지, 무엇을 하고 싶은지 알아야 AI를 제대로 활용할 수 있습니다.

앞에서 본 김민수 씨의 경우 그는 자기가 뭘 하고 싶은지 명확히 알았기 때문에 AI와 협업해서 VC 피칭까지 성공했습니다. 하지만 자기를 모르면 막연한 질문을 던지고 막연한 답변을 받아 결국 포기하게 됩니다. AI 시대일수록 자기 이해가 더 중요해지는 이유가 여기에 있습니다. 기술은 도구일 뿐이고, 방향을 설정하는 것은 결국 사람이기 때문이지요.

과거 자본주의 시장은 대중 시장 중심이었습니다. 10만 명 이상의 수요가 있어야 비즈니스가 성립했고, 작은 시장은 수익이 나지 않아서 누구도 진입하지 않았습니다.

그런데 AI 시대는 이 구조도 바꿀 가능성을 보여 주고 있습니다. 생존 압박이 줄어들고, 생산 비용이 낮아지며, 전 세계를 대상으로 할 수 있기 때문입니다. 소수 언어 번역가가 되고 싶어도 과거에는 시장이 너무 작아서 불가능했습니다. 하지만 이제는 전 세계에서 그 언어를 필요로 하는 1,000명만 찾으면 됩니다. AI 번역 도구가 보완해 주고, 온라인으로 서비스하면 되는 것이지요.

롱테일 경제가 현실이 될 가능성이 커지고 있습니다. 소수의 대중 시장이 아니라, 다수의 틈새시장이 공존하는 세상 말입니다.

돈이 목적이 아닌 시대가 오히려 더 큰 가치를 창출할 수 있다는 역설을 발견할 수 있습니다.

일론 머스크를 다시 생각해 봅니다. 그는 이미 수천억 달러를 가지고 있고 더 이상 돈이 필요하지 않습니다. 그런데도 하루 80시간에서 100시간을 일합니다. 왜일까요? 돈이 목적이 아니기 때문입니다. 화성에 인류를 이주시키는 것, 지속 가능한 에너지를 만드는 것, 인류의 미래를 변화시키는 것이 그의 진짜 목적입니다.

그는 말한 적이 있습니다.

"돈은 목적이 아니라 수단이다. 진짜 목적은 인류를 다행성 종족으로 만드는 것이다."

테슬라를 만들 때 수많은 사람들이 불가능하다고 했습니다. 전기차 시장이 없었고, 수익성도 없었기 때문입니다. 하지만 그는 돈이 목적이 아니었기에 계속할 수 있었습니다. 결과적으로 테슬라는 자동차 산업을 바꿨습니다.

스페이스X도 마찬가지입니다. 로켓을 재사용한다는 아이디어를 모두가 비웃었습니다. 하지만 그는 인류를 화성에 보내겠다는 의미를 목적으로 삼았기에 포기하지 않았습니다. 결과적으로 우주산업을 혁신했습니다. 돈이 목적이 아니었기에 더 큰 가치를 만들어 낸 것입니다.

물론 머스크의 성취는 매우 특수한 배경에서 가능했습니다. 천재적 IQ, 자본, 네트워크, 인프라 등 일반인이 갖기 어려운 조건들이 있었습니다. 하지만 동기 구조 자체는 누구나 가질 수 있다는 점을 주목해야 합니다. 돈이 아니라 의미를 추구하는 태도 말입니다.

과거에는 이런 태도를 가져도 실현하기 어려웠습니다. 생존이 걸려 있었고, 자본과 팀이 필요했으며, 진입 장벽이 너무 높았기 때문이지요. 그런데 AI 시대는 이 구조를 바꿀 가능성을 보여 주고 있습니다. 기술적·자본적 진입 장벽이 낮아지고 있기 때문입니다.

돈이 목적이 아닌 사회를 생각하면 많은 사람이 두려워합니다. 하지만 준비된 사람에게는 엄청난 기회가 될 수 있습니다. 세 가지가 필요합니다. 자기 이해로 재능을 발견하고, 마음 훈련으로 중심을 잡으며, 도구를 활용해서 실현해야 합니다.

이것이 갖춰지면, 돈이 아니라 의미로 일하며 세상을 바꾸는 사람들이 늘어날 수 있는 인류의 기회입니다.

Chapter Code : 인류의 기회

- ◆ 돈이 목적이 아닌 사회
- ◆ 존재로 살아가는 시대
- ◆ 새로운 가치의 탄생

AI가 경제를 책임지면,
인류는 비로소 존재 그 자체로 살아갈 수 있다.

28장

●●

가정과 정부에서 구조와 교육이
함께 가야 한다

아무리 이상적인 사회를 만들려 해도 한 개인의 노력만으로는 한계가 있습니다.

E 씨는 30세, 프로그래머입니다. 자기 이해를 위해 1년간 노력했습니다. 마인드피티를 실천했고, 자기 재능도 발견했습니다. AI 활용을 해서 진짜 하고 싶은 일은 교육 콘텐츠를 만드는 것이라는 것을 알게 되었습니다. 그래서 회사를 그만뒀습니다.

교육 콘텐츠를 만들기 시작했지만 3개월 후 재정의 문제가 생겼습니다. 월세를 못 내고 식비가 떨어졌습니다. 6개월 후 포기하고 다시 회사에 들어갔습니다. 개인이 준비되어 있어도, 생존이 불안하면 실현할 수 없었던 것이지요.

40세 F 씨는 기본소득을 받습니다. 생존은 보장되었고 시간도 많습니다. 하지만 뭘 해야 할지 모릅니다. 자기가 무엇을 좋아하는지, 무엇을 잘하는지, 무엇을 하고 싶은지 평생 생각해 본 적이 없습니다. 학교에서도 안 가르쳐 줬고, 사회에서도 안 가르쳐 줬습니다. 1년이 지났지만, 여전히 무력감 속에 있습니다. 경제가 보장되어 있어도, 자기 이해 방법을 모르면 의미를 찾을 수 없었던 것입니다.

E 씨와 F 씨를 보면 알 수 있습니다. 두 가지가 모두 필요하다는 것을 말입니다.

우선, 생존이 보장되어야 합니다. 기본소득일 수도 있고, 다른 형태의 사회안전망일 수도 있습니다. 중요한 것은 사람들이 생존 압박 없이 자기 재능을 탐색하고 발휘할 수 있는 환경을 만드는 것입니다. 이것은 정부와 사회의 역할입니다. 개인이 혼자 해결할 수 없습니다. E 씨처럼 아무리 자기 이해를 해도, 월세와 식비 앞에서는 무력해집니다.

그리고 자기를 이해하는 방법을 가르쳐야 합니다. 의미를 찾는 방법, 마음을 다스리는 방법, AI와 협업하는 방법을 가르쳐야 합니다. 이것은 교육 시스템의 역할입니다. 개인이 혼자 깨우치기 어렵습니다. F 씨처럼 아무리 시간과 돈이 있어도, 방법을 모르면 시작조차 할 수 없습니다. 두 축이 함께 가야 온전해진다는 것을 발견할 수 있습니다.

과거 교육 시스템을 보면 명확한 전제가 있었습니다. 좋은 직업을 가지면 행복하다는 전제 말입니다. 그래서 모든 교육이 직업을 위한 것이었습니다. 수학, 과학, 영어를 배워서 시험 점수를 올리고, 시험 점수로 좋은 대학에 가고, 좋은 대학을 나와서 좋은 직장에 들어가고, 좋은 직장에서 높은 연봉을 받으면 행복해진다는 논리였습니다.

이 전제는 생존이 목표였던 시대에는 맞았습니다. 돈이 곧 생존이었고, 직업이 곧 정체성이었기 때문이지요.

하지만 이 전제가 점점 무너지고 있습니다. AI가 많은 직업을 대체할 수 있게 되었고, 돈이 행복을 보장하지 않는다는 것이 드러났으며, 직업이 정체성의 전부가 아니라는 것을 사람들이 깨닫기 시작했습니다.

새로운 교육이 필요한 이유를 여기서 발견할 수 있는데, 과거 교육과 미래 교육을 비교해 보면 차이가 명확해집니다.

과거는 직업 교육이었습니다. 좋은 직장이 목표였고, 지식과 기술을 습득하는 것이 방법이었으며, "무엇을 할 것인가?"가 핵심 질문이었습니다. 시험 점수와 연봉으로 평가했습니다.

미래는 존재 교육이 되어야 합니다. 온전한 인간이 목표가 되어야 하고, 자기 탐색과 마음 훈련이 방법이 되어야 하며, "나는 누구인가?"가 핵심 질문이 되어야 합니다. 자기 이해 정도와 삶의 의미로 평가해야 합니다.

직업 교육이 필요 없다는 것이 아닙니다. 직업 교육도 필요하지만, 그것만으로는 부족하다는 것입니다. 존재 교육이 함께 가야 합니다.

AI가 할 수 없는 것을 가르쳐야 합니다. AI는 기술을 대체할 수 있지만, "나는 누구인가?"라는 질문은 대체할 수 없습니다. AI는 효율을 높일 수 있지만, 의미를 찾아주지는 못합니다.

무엇을 가르쳐야 할까요?

첫째, 자기 관찰입니다. 자기의 마음을 들여다보는 것으로 내가 언제 기쁜지, 언제 슬픈지, 무엇을 하고 있을 때 시간이 빠르게 가는지 관찰하는 것입니다. 이것은 기술이고, 배워야 하는 것입니다.

둘째, 자기 질문입니다. 자기에게 본질적이고 올바른 질문을 던지는 방법을 말합니다. "나는 왜 이 일을 하는가?" "진짜 원하는 것은 무엇인가?" "나에게 의미를 가지는 일은 무엇인가?" 이런 질문들을 던지는 방법입니다.

셋째, 마음 다스리기입니다. 자신의 마음을 들여다본 후 대응과 극복을 합니다. 여러 변화 속에서 불안이 올 때 무너지지 않는 방법, 중심을 잡는 방법이 필요합니다. 호흡, 명상, 글쓰기 등 구체적 방법들이 있습니다.

넷째, 건강한 관계 맺기입니다. 인간은 혼자 살 수 없습니다. 자기 혹은 상대와 의미 있는 관계를 맺는 방법, 경청하는 법, 공감하는 법, 건강한 경계를 만드는 법을 배워야 합니다.

다섯째, 의미 구성입니다. 의미는 주어지는 것이 아니라 만드는 것입니다. 자기 경험에서 의미를 구성하는 방법, 작은 일상에서 의미를 발견하는 방법입니다.

그리고 마지막으로 AI 협업입니다. 하지만 여기서 오해하지 말아야 할 것이 있습니다. 요즘 많은 학교에서 AI 학과를 만들고 있습니다. 학원에서는 ChatGPT 활용법을 가르칩니다. 프롬프트 엔지니어링 강좌가 인기입니다. "AI 시대를 준비하려면 AI 기술을 배워야 한다."는 말이 넘쳐납니다.

G 씨는 30대 직장인입니다. 새로운 시대를 준비하려고 프롬프트 엔지니어링 강의를 6개월간 들었습니다. 수십만 원을 냈고, 매주 3시간씩 공부했습니다. 프롬프트를 어떻게 쓰면 더 좋은 답을 얻는지 배웠습니다. 그런데 6개월 후 알게 되었습니다. 정작 AI한테 무엇을 물어야 할지 모르겠다는 것을 말입니다. 자기가 진짜 원하는 것이 무엇인지, 어디로 가고 싶은지 몰랐기 때문입니다. 프롬프트 기술은 배웠지만, 방향이 없었습니다.

H 씨는 40대 학부모입니다. 자녀를 AI 코딩 학원에 보냈습니다. "AI 시대니까 프로그래밍을 배워야 한다."라고 생각했기 때문입니다. 아이는 1년간 파이썬을 배웠고, 간단한 AI 모델도 만들어 봤습니다.

그런데 아이는 여전히 자기가 무엇을 좋아하는지 모릅니다. 어떤 문제를 해결하고 싶은지도 모릅니다. 기술은 배웠지만, 그 기술로 무엇을 할지 모르는 것입니다.

이 두 사람에게서 공통점을 발견할 수 있습니다. AI 기술을 배웠지만, 정작 중요한 것을 놓쳤다는 것이지요.

AI 엔지니어가 되려는 사람이라면 AI 기술을 배워야 합니다. 하지만 대부분의 사람은 AI 엔지니어가 될 필요가 없습니다. AI를 어떻게 만드는지 알 필요도 없습니다.

왜냐하면 AI 사용법은 AI한테 물어보면 가장 정확하게 알려 주기 때문입니다. ChatGPT를 열고 "너한테 어떻게 질문하면 좋은 답을 얻을 수 있어?"라고 물어보십시오. AI가 직접 가르쳐 줍니다. 프롬프트 엔지니어링 강의보다 훨씬 정확하고 친절하게 말입니다.

그렇다면 우리는 무엇을 배워야 할까요?

세 가지를 배워야 합니다.

첫째, 올바른 질문을 던지는 법입니다. AI에게 무엇을 물을지 아는 것, 이것은 방향의 문제입니다. 내가 무엇을 원하는지 알아야 명확한 질문을 던질 수 있습니다. 이것은 자기 이해의 문제입니다.

둘째, AI와의 관계를 설정하는 법입니다. 나와 AI는 협업 관계입니다. 내가 방향을 설정하고 AI는 실행을 돕는 파트너입니다. 이 관계에서 AI에게 너무 의지하거나 인간이 명령을 수행하는 관계가 되어서는 안 됩니다.

셋째, 명확한 목적 설정을 할 수 있어야 합니다. AI와 채팅을 하면 끝없이 대화를 나눌 수 있습니다. 그러다 보면 시간을 낭비하게 되거나 할루시네이션과 같은 엉뚱한 결과물을 얻을 수 있습니다. 자신의 명확한 목적과 목표를 설정해야만 제대로 사용할 수 있게 됩니다.

AI 사용법은 AI가 가르쳐 줍니다. 하지만 내가 누구인지, 무엇을 원하는지, 어떤 태도를 가질 것인지는 AI가 가르쳐 줄 수 없습니다.

자기 이해를 하기 위한 출발점은 사랑입니다. 사랑을 추상적인 개념으로만 여겨서는 안 됩니다. 명확하게, 구체적으로, 일상에서 사랑하는 법을 가정에서부터 배워야 합니다. 사랑은 가장 강력한 동기가 됩니다. 자기 이해를 깊게 하는 원동력이 되고, 지속할 수 있는 에너지를 줍니다.

'사랑한다'는 말만 하는 게 아닙니다. '가족이니까 당연히 사랑하지' 이렇게 생각만 하는 게 아닙니다. 일상에서 구체적이고 능동적으로 사랑해야 합니다.

자신을 명확하게 사랑할 수 있어야 합니다. "나는 이 우주에서 가장 소중한 존재이다. 그 소중한 존재를 잘 돌보며 살겠다."라는 무의식을 갖게 되어 자기를 이해하려고 노력할 수 있습니다.

부부가 명확하게 서로를 사랑할 수 있어야 합니다. "당신을 사랑해." "고마워." "당신과 있어 다행이고 무척 행복해." "앞으로도 잘 살아 보자. 잘 부탁해."라며 서로를 존중할 수 있어야 합니다. 건강하게 소통할 수 있어야 갈등이 발생해도 관계를 유지할 수 있습니다. 부부 관계가 안정되어야 가정이 안정되고, 가정이 안정되어야 아이가 안정되며, 아이가 안정되어야 자기를 탐색할 수 있습니다.

부모는 자녀를 제대로 사랑할 수 있어야 합니다. 말로만이 아니라 행동으로 말입니다. 안아 주고, 들어주고, 함께 시간을 보내고, 아이의 감정을 인정해 주고, 아이의 존재를 존중해 주는 것입니다. 시험 점수가 아니라 아이 자체를 사랑하는 것입니다. 아이가 무엇을 하든, 어떤 성적을 받든, 어떤 선택을 하든, "너를 믿어." "너는 소중해." 이렇게 말해 줄 수 있어야 합니다.

이렇게 명확하게 가정에서 자신과 상대를 사랑할 수 있어야 이 혼란한 시기를 현명하게 헤쳐 나갈 수 있습니다. 자기를 사랑하면 무너지지 않습니다. 부부가 사랑하면 가정이 안정됩니다. 자녀를 사랑하면 아이가 높은 자존감을 가지며 자랍니다.

그런데 이 사랑은 한 가지 더 중요한 역할을 합니다. 바로 인간성 상실을 막는 것입니다.

앞서 11장에서 우리는 비대면 시대의 잔인함을 목격했습니다. "못 쓰면 그냥 굶어 죽으면 그만"이라는 댓글, 동료를 '인원 30%'로 취급하는 화상 회의. 왜 사람들은 화면 너머에서 이토록 잔인해질까요?

타인을 공감하지 못하기 때문입니다. 그리고 공감하지 못하는 이유는 사랑받지 못했기 때문입니다. 조건부 사랑만 받은 사람은 마음에 결핍과 열등감을 갖게 됩니다. 자기 불안에만 집중되어 타인을 볼 여유가 없습니다.

하지만 스스로를 사랑할 수 있을 때 마음이 안정됩니다. 결핍이 채워지고, 불안에서 벗어나면 비로소 타인을 볼 수 있게 됩니다. 타인의 고통에 공감할 수 있게 됩니다. 화면 너머의 사람도 진짜 사람으로 느끼게 됩니다.

인공지능 시대에 자기 이해와 자기 사랑은 단순히 AI에게 올바른 질문을 던지기 위한 것만이 아닙니다. 인간성 상실을 막는 가장 강력한 방어막입니다.

학교 교육과정에서는 국어, 수학, 영어만이 아니라 '자기 이해', '마음 다스리기', '의미 찾기' 과목이 필요합니다. 일주일에 최소 2~3시간은 이런 교육에 할애해야 합니다.

정부에서도 정책적 지원이 필요합니다. 기본소득, 평생 교육 시스템 구축, 마음 성장 교육 교사 양성, 프로그램 개발 지원 등이 필요합니다. 그리고 새로운 신용평가 시스템이 도입되어야 합니다. 직업이 사라진 시대, 개인의 재능을 신용으로 평가해서 많은 투자가 될 수 있도록 지원해야 합니다.

인공지능 시대를 대하는 마음가짐은 개인, 가정, 학교, 정부 모두의 역할이 필요하다는 것을 발견할 수 있습니다. 구조와 교육, 어느 하나만으로는 부족합니다. 구조만 있으면 생존은 보장되지만, 의미를 모르게 되어 무력감과 공허함이 옵니다. 교육만 있으면 자기는 알게 되지만 생존이 불안해져서 실현할 수 없게 됩니다.

둘 다 있으면 생존이 보장되고 자기 이해가 되어 의미 있는 삶이 가능해집니다. 그리고 더 나아가 인간성을 지킬 수 있습니다. 타인을 공감할 수 있습니다. 화면 너머에서도 사람을 사람으로 대할 수 있습니다.

이것이 AI 시대에 교육이 해야 할 가장 중요한 역할입니다.

Chapter Code : 구조와 교육의 조화

- ◆ 사회 시스템의 변화
- ◆ 교육 패러다임의 전환
- ◆ 가정에서부터 시작

개인의 변화만으로는 부족하다.
사회 구조와 교육이 함께 변해야 한다.

29장

지금 당장 시작할 수 있는 것

구조가 바뀌고 교육이 바뀌려면 시간이 걸립니다.

정부가 기본소득을 도입하고, 학교가 교육과정을 바꾸고, 기업이 시스템을 변화시키려면 수년이 걸릴 수 있습니다. 정책을 만들고, 예산을 확보하고, 합의를 이루고, 실행해야 하기 때문이지요.

하지만 우리에게 그렇게 많은 시간이 없을 수 있습니다. 변화는 빠릅니다. 그리고 무엇보다, 지금 이 순간에도 무력감을 느끼고 방향을 잃으며 의미를 찾지 못하는 사람들이 있습니다. 기다릴 수 없습니다. 개인이 지금 당장 시작할 수 있는 것이 있습니다.

모든 것은 자기 이해를 시작으로 재능을 발견하는 것입니다.

내가 누구인지, 무엇을 좋아하는지, 무엇을 잘하는지, 무엇을 하고 싶은지 아는 것 말입니다. 다른 사람과 다르게 자신이 더 크게 느끼는 것을 찾아야 합니다. 이것이 없으면 도구를 활용해도 방향을 잃고, 돈이 있어도 의미를 찾지 못하며, 시간이 있어도 무엇을 해야 할지 모르게 됩니다.

재능에 관해 잠깐 설명하겠습니다. 재능이란, 다른 사람보다 특별하게 잘하는 능력을 말합니다. 여기서 중요한 점이 있습니다. 단순히 기능적으로 잘하는 것만을 의미하지 않습니다. 잘하면서 동시에 느낌이 있어야 합니다.

예를 들어 악기를 연주할 때를 생각해 보십시오. 열심히 연습하면 연주를 잘할 수는 있습니다. 하지만 느낌을 살려 맛깔나게 연주하는 것은 전혀 다른 문제입니다.

이처럼 진짜 재능은 여러 번 반복해서 기능을 익히는 것을 넘어섭니다. 다른 사람보다 특별한 느낌을 줄 수 있는 것, 그것이 우리가 찾아야 할 재능입니다.

다른 사람에게 특별한 느낌을 주기 위해서는 자신이 먼저 느낌을 아는 것이 중요합니다. 그런데 이러한 느낌은 아무 때나 발견되지 않습니다. 평소에 심리적으로 안정되어 있는 상태에서, 자기 이해가 충분히 되었을 때 비로소 스스로 발견할 수 있습니다.

그럼 자기 이해를 통한 재능 발견은 어떻게 시작해야 할까요? 복잡하지 않습니다.

일상을 관찰하는 것부터 시작하면 됩니다. 언제 기쁜지 알아차려 보세요. 무엇을 하고 있을 때 시간이 빠르게 가는지 관찰하고, 어떤 일을 할 때 에너지가 생기는지 느껴 보는 겁니다. 특별한 기술이 필요한 게 아닙니다. 그냥 알아차리면 됩니다.

그리고 기록해 보세요. 하루 10분이면 됩니다. "오늘 ○○할 때 즐거웠다." "○○를 하니까 시간 가는 줄 몰랐다." 이 정도면 충분합니다. 긴 글이 아니어도 괜찮습니다. 기록하면 패턴이 보이기 시작하니까요.

자기에게 질문을 던져 보는 겁니다. "나는 왜 이 일을 하는가?" "진짜 원하는 것은 무엇인가?" 답이 바로 나오지 않아도 괜찮습니다. 질문을 던지는 것 자체가 중요하기 때문입니다. 질문을 던지면 무의식이 답을 찾기 시작합니다.

하지만 여기서 한 가지 짚고 넘어가야 할 것이 있습니다.

자신을 이해한다는 것은 단순히 감정을 알아차리는 것만으로는 부족합니다. 머릿속에 있는 관념들을 언어로 정의하고 개념화하는 작업이 뒷받침되어야 비로소 나를 정의하고 이해할 수 있게 됩니다. 언어로 정의되지 않으면 우리는 생각할 수 없기 때문입니다.

20세기를 대표하는 철학자 비트겐슈타인은 "언어의 한계가 곧 세계의 한계"라고 말했습니다. 예를 들어 볼까요?

"나는 지금 불편하다."라고 느낍니다. 하지만 그 불편함이 무엇인지 정의할 수 없다면, 그것이 불안인지, 두려움인지, 분노인지, 슬픔인지 구분할 수 없습니다. 구분할 수 없으면 다룰 수도 없고, 해결할 수도 없습니다.

철학이란 바로 이런 관념들을 언어로 정의한 학문입니다. 철학자들이 정의한 개념을 배우면, 그전까지 막연했던 생각들이 명확해집니다.

"낱말의 의미란 언어 안에서의 그 사용이다."라는 비트겐슈타인의 통찰을 들으면, 언어에 대한 개념이 잡히고 언어를 어떻게 활용할지 생각할 수 있게 되는 것처럼. 이 지점에서 AI와 철학은 접점을 가지기 때문에 AI에게 질문을 잘하는 자신을 갖기 위해서는 반드시 철학적 사고가 필수입니다.

철학을 배우는 방법은 여러 가지입니다. 직접 선생님을 만나는 것이 가장 좋지만 어렵다면, 책이나 영상을 통해서도 충분합니다. 어렵다면 해설서를 읽거나, AI(챗GPT, 클로드 등)와 대화하며 배워도 됩니다.

특히 동양철학과 서양철학을 함께 공부하면 좋습니다. 서양철학은 "세상 만물의 근원은 무엇인가?"라는 질문에서 출발해 분석적으로 접근합니다. 반면 동양철학은 "사람은 어떻게 살아야 하는가?"라는 질문에서 시작해 관계와 내면의 성장을 중시하지요. 두 전통을 모두 이해하면 인간을 더 깊이 이해할 수 있습니다.

이런 점에서 도올 김용옥 선생님의 강연이나 책은 좋은 시작점이 됩니다. 동서양 철학을 융합해 쉽게 설명하시기 때문입니다. 유튜브에 대학 강의와 강연 영상이 많으니, 자신의 상황에 맞는 주제부터 접하면 됩니다.

철학을 통해 개념이 잡히면 자기 이해가 훨씬 수월해집니다. 하지만 아는 것과 실천하는 것은 다릅니다. 철학자들의 이야기를 듣고 고개를 끄덕이는 것과 그것을 자신의 삶에 적용해서 변화를 만드는 것은 전혀 다른 차원입니다.

그래서 실천이 필요합니다.

이런 철학적 이해와 일상의 실천을 체계적으로 연결한 프로그램이 마인드피티입니다. 심리학도 아니고, 종교도 아니며, 철학도 아닙니다. 자기를 이해하고 마음을 다스리는 구체적인 방법이지요. 핵심은 사랑의 5가지 태도입니다.

첫째는 믿음입니다. 존재 자체가 가치 있다는 것을 인정하는 겁니다.

둘째는 관찰입니다. 판단하지 않고 자기를 알아차리는 것이지요.

셋째는 소통입니다. 내면의 목소리를 듣고 자기와 대화하는 겁니다.

넷째는 희생입니다. 자기를 위해 시간을 쓰는 것입니다.

다섯째는 기다림입니다. 변화는 천천히 일어나니 조급해하지 않는 것이지요.

그래서 구체적으로 어떻게 하느냐?

하루 중 세 번, 자신과 만나는 시간을 가져 봅니다. 아침에는 오늘의 상태와 방향을 점검하고, 점심에는 중간 체크로 방향을 유지하며, 저녁에는 하루를 돌아보며 기록합니다. 형식은 중요하지 않습니다. 소리 내어 말해도 되고, 마음속으로 생각해도 되며, 글로 써도 됩니다.

그리고 일주일에 한 번, 30분 정도 일주일 전체를 돌아보는 시간을 가져 봅니다. 매일 기록한 것을 다시 읽으며 패턴을 발견하는 겁니다.

"내가 즐거워하는 것은 무엇인가?" "반복되는 어려움은 무엇인가?"

나무만 보지 말고 숲을 보는 시간이지요.

이런 구체적인 실천 방법과 단계별 질문들은 마인드피티 프로그램에 자세히 안내되어 있습니다. 혼자서도 충분히 따라 할 수 있도록 단계별로 정리되어 있습니다.

처음부터 완벽하게 할 필요 없습니다.

10분이 어려우면 5분부터, 5분도 어려우면 1분부터 시작하면 됩니다. 중요한 건 시작하는 겁니다. 매일 못 해도 괜찮습니다. 일주일에 3번만 해도 충분합니다. 3번도 어려우면 1번부터요. 0번과 1번의 차이는 무한 대입니다.

잘못해도 괜찮고 서툴러도 괜찮습니다. 서툰 채로 계속하면 나아지니 까요. 완벽하게 하려다가 포기하는 것보다, 서툴게라도 계속하는 게 훨 씬 낫습니다. 중단했다면 다시 시작하면 됩니다. 일주일 못 했어도, 한 달 못 했어도 중단은 실패가 아닙니다. 다시 시작하지 않는 게 실패입니다.

나이 때문에 망설이고 있다면 한 가지만 기억하세요.

자기 이해를 통한 인공지능 사용에는 나이가 무관합니다. 젊다면 시행 착오를 겪을 시간이 있고, 중년이라면 경험과 연륜이 있습니다. 어느 쪽 이든 자기 이해에 큰 도움이 됩니다.

스마트폰을 떠올려 보세요. 처음엔 "나이 들어서 못 배워."라고 하셨지 만, 지금은 모든 연령이 사용합니다. 인공지능도 마찬가지입니다. 중요한 건 기술이 아니라 자신을 아는 겁니다.

도구를 활용하는 방법도 있습니다.

자기 이해를 위해 AI와 대화해 보세요. "나는 무엇을 좋아하는 것 같 아?"라고 물으면, AI가 질문을 던져 줍니다. "어떤 일을 할 때 시간 가는 줄 몰랐나요?" "어떤 순간에 가장 살아있다고 느꼈나요?" 그 질문에 답하 면서 자기를 더 깊이 이해하게 됩니다.

기록을 정리할 때도 도구를 활용해 봅니다. 일주일간 기록한 것을 AI에게 보여 주고 "패턴을 발견해 줘."라고 하면, 당신도 몰랐던 패턴을 발견해 주지요. "월요일마다 무력감을 느끼시네요." "창작 활동을 할 때 에너지가 높아지는 것 같아요." 이런 식으로요.

글쓰기가 어렵다면 AI와 대화로 정리하면 됩니다. 음성으로 하루를 이야기하고, AI에게 요약해 달라고 하는 겁니다. 글쓰기 부담을 덜 수 있습니다.

네이버 카페 〈마인드피티〉가 있습니다. 같은 관심을 가진 사람들이 모여 있습니다. 자기 이해를 실천하고, 경험을 나누고, 서로 격려하지요. 질문하면 답해 주는 사람들이 있고, 힘들 때 응원해 주는 사람들이 있습니다.

유튜브 채널 〈마인드피티〉도 있습니다. 짧은 영상으로 마음 훈련 방법을 배울 수 있습니다. 검은 화면에 핵심 단어가 나오고, 내레이션이 흐르지요. "밥 먹듯 사랑합시다."로 시작하는 영상들이 도움이 됩니다.

이러한 과정 속에서 자연스럽게 자기 이해가 깊어집니다. 그러면 사소한 것일지라도 다른 사람보다 특별히 더 강하게 느끼고 잘하는 재능을 발견하게 됩니다. 여러분도 지금 당장 시작할 수 있습니다.

Chapter Code : 지금 당장 시작하기

- ◆ 오늘부터 할 수 있는 것
  - ◆ 작은 실천의 힘
  - ◆ 함께 가는 길

거창한 계획은 필요 없다.
오늘, 자신을 들여다보는 것부터 시작하라.

30장

존재주의가 열어 가는 마음의 시대

저는 2024년부터 AI를 본격적으로 써 왔습니다.

처음 ChatGPT를 사용했을 때를 기억합니다. 2022년 말에 출시되어 세상이 떠들썩했고, 2024년부터 본격적으로 사용하기 시작했습니다. 뉴스마다 AI 이야기였고, SNS는 ChatGPT로 만든 결과물들로 가득했으며, 주변 사람들은 모두 "세상이 바뀐다." "모든 직업이 사라진다." "AI 혁명이 시작됐다."라고 말하고 있었습니다.

저도 사용해 보니 신기했습니다. 질문하면 답이 나왔고, 글을 써 달라고 하면 그럴듯한 글을 써 줬으며, 이것저것 물어보면 대답해 줬습니다. 처음 며칠은 정말 감탄의 연속이었습니다. "이게 정말 되네?" "이런 게 가능하구나." 하면서 이것저것 물어보고 시켜 보는 것이 재미있었습니다.

하지만 일주일, 한 달을 쓰다 보니 뭔가 이상했습니다. 주변에서는 계속 "세상이 바뀐다."라고 말하고 있었는데, 막상 실제로 사용해 보니 그 정도까지는 아닌 것 같다는 생각이 들기 시작했습니다. 답은 그럴듯하게 주는데, 자세히 보면 정확하지 않은 부분이 많았고, 글은 쓰긴 쓰는데 깊이가 없어서 결국 제가 다시 손봐야 했습니다. "이 정도면… 그냥 보조 도구 정도 아닐까? 편리하긴 한데, 세상을 바꿀 정도는 아닌 것 같은데?" 그런 생각이 머릿속에서 계속 떠나지 않았습니다.

GPT-4를 포함해 여러 업데이트가 있었고, 조금씩 좋아지는 것 같긴 했습니다. 하지만 여전히 '세상을 바꿀 정도'라는 느낌은 받지 못했습니다. 오히려 사람들이 과장하는 것 아닌가 하는 생각마저 들었습니다.

반년이 지나자 Claude Sonnet 3.5가 나왔고, GPT-4o가 대폭 업데이트 됐으며, Gemini도 놀라울 정도로 빨라지고 정확해졌습니다. 써 보는 순간 알았습니다. "이건 다르다. 완전히 다른 수준이다." 꾸준히 사용한 사람만 알 수 있는 차이였습니다. 답의 수준이 달랐습니다. 이전에는 표면적인 답을 줬다면 이제는 맥락을 이해하고 깊이 있는 답을 주기 시작했습니다. 이전에는 형식적인 글을 썼다면 이제는 제가 원하는 톤과 스타일을 이해하고 그에 맞춰 쓰기 시작하면서 글의 깊이가 달랐습니다. 무엇보다 대화의 맥락을 이해하는 수준이 완전히 달랐습니다. 제가 무엇을 원하는지, 왜 이 질문을 하는지, 어떤 맥락에서 이야기하고 있는지를 파악하고 그에 맞는 답을 주기 시작했습니다.

지금 글을 작성하고 있는 시점에서 GPT-5, 제미나이3이 출시된 지 한 달이 지났습니다. 제 생각은 이제 AI는 '보조 도구'를 넘어서는 '협업 파트너'였습니다. 함께 일하는 동료처럼 느껴지기 시작했습니다. 제가 방향을 제시하면 AI가 그것을 구체화해 주고, 제가 아이디어를 던지면 AI가 그것을 발전시켜 주며, 제가 막히는 부분이 있으면 AI가 돌파구를 제시해 주는 것입니다.

서문에서 언급했듯이 제가 하려는 일에 대한 전폭적인 응원과 객관적인 평가는 아이디어를 키워 가는 데 큰 힘이 된 것을 경험하고서는 저는 확신이 왔습니다.

"이건 진짜 세상을 바꿀 만큼 엄청난 서비스다."

믿음이 100%가 되었습니다. 과장이 아니었습니다. 오히려 대부분의 사람들이 아직 이것이 얼마나 대단한지 체감하지 못하고 있는 것 같았습니다.

발전 속도를 생각해 보니 더 놀라웠습니다. 1년 전과 지금이 이렇게 다르다면, 내년은 어떻게 될까요. 내후년은? 3년 후는? 상상조차 안 됐습니다.

국가들이 AI를 바라보는 방향을 봤습니다. 미국은 AI를 국가 전략 산업으로 지정했고, 중국은 AI 굴기를 선언했으며, 일본은 AI 육성에 천문학적 예산을 투입하고 있었고, 한국도 AI 반도체와 AI 산업 육성에 집중하기 시작했습니다. 전 세계의 돈이 AI 섹터로 모이고 있었습니다.

마이크로소프트는 OpenAI에 수백억 달러를 투자했고, 구글은 Gemini 개발에 막대한 자금을 쏟아붓고 있으며, 메타는 LLaMA를 오픈소스로 공개하면서 AI 생태계를 키우고 있었고, 아마존은 클라우드 서비스와 AI를 결합하고 있었으며, 엔비디아는 AI 칩 수요 폭증으로 시가총액이 폭발적으로 늘어나고 있었습니다.

AI의 시대를 의심할 수 없었습니다. 이건 진짜였습니다.

생각보다 훨씬 빠릅니다. 느긋하게 "언젠가 대비하면 되겠지." "10년 후쯤 생각해 봐야지." 할 시간이 없습니다.

시대가 대전환을 할 때가 있습니다. 역사를 보면 그런 순간들이 있었습니다. 저는 20살쯤 초고속 인터넷망이 한국에 깔리던 때를 기억합니다. 1990년대 후반, 2000년대 초반이었습니다. 세상이 온라인으로 연결되기 시작했고, 사람들은 PC방에 모여 스타크래프트를 했으며, 인터넷 쇼핑몰이 하나둘씩 생겨나기 시작했습니다.

그때 저는 뭘 했을까요? 게임만 했습니다. 하루 종일 PC방에서 스타크래프트를 하고, 집에 와서는 리니지를 했습니다. 친구들과 어울렸고, 게임에서 레벨을 올리는 것에 성취감을 느끼며 너무 재미있게 했습니다.

그런데 그때 다른 사람들은 뭘 했을까요? 어떤 사람들은 인터넷 쇼핑몰을 만들고, 어떤 사람들은 온라인 커뮤니티를 만들었습니다. 또 어떤 사람들은 웹사이트 제작 회사를 차렸습니다. 그 사람들이 지금 어떻게 됐을까요? 많은 사람이 성공했습니다. 인터넷이라는 파도에 올라탄 것입니다.

저는? 게임만 했습니다. 지금 생각하면 정말 아깝습니다. "그때 인터넷 서비스를 하나라도 만들어 봤다면 어땠을까?" 하는 생각을 지금도 합니다. 재미있게 젊은 시절을 보냈지만, 한편으로는 후회합니다.

2007년 스티브 잡스가 아이폰을 발표했을 때도 비슷했습니다. 저는 그때 20대 중후반이었습니다. 아이폰이 나왔고, 앱스토어가 생겼으며, 스마트폰 혁명이 시작됐습니다. 사람들은 또 말했습니다.

"세상이 바뀐다." "모바일 시대가 온다."

저는 뭘 했을까요? 아이폰을 샀습니다. 신기해하며 여기저기 만져 봤습니다. 앱을 다운받아서 써 봤습니다. 그리고? 그게 끝이었습니다. PC게

임에서 모바일 게임을 하는 사용자로만 머물렀습니다.

그런데 그때 다른 사람들은 뭘 했을까요? 어떤 사람들은 간단한 게임 앱, 유틸리티 앱, 소셜 미디어 앱을 만들어서 앱스토어에 올렸습니다. 어떤 앱들은 대박이 나서 개인 개발자가 만든 앱이 수억 원을 벌기도 했습니다. 어떤 사람들은 모바일 서비스 회사를 차렸습니다. 그 회사 중 일부는 지금 거대 기업이 됐습니다.

저는? 사용자로만 머물렀습니다. 지금 생각하면 또 아깝습니다. "그때 앱 하나라도 만들어 봤다면 어땠을까?" 하는 생각을 합니다. 두 번째 파도를 놓친 것에 대해 또 후회합니다.

두 번 기회를 놓쳤습니다. 초고속 인터넷 시대에 한 번, 스마트폰 시대에 한 번. 두 번 다 파도를 봤습니다. 하지만 올라타지 않고 그저 구경만 했습니다.

지금 세 번째 파도가 오고 있습니다. AI 시대입니다. 이번에도 놓칠 건가요? 이번에도 10년 후에 "그때 AI로 뭐라도 해 봤다면…" 하면서 후회할 건가요?

저는 AI를 경험하고 나서 기시감이 강하게 느껴졌고, 예전 시대가 주었던 두 번의 파도를 떠올렸습니다. 더 이상 후회하고 싶지 않습니다. 그래서 이 책을 썼습니다.

지금 사회, 경제, 문화의 질서가 재편되고 있습니다. 산업혁명 이후 200년간 유지되던 시스템이 흔들리고 있습니다. 돈이 목적이었던 시대가 끝나 가고 있고, 직업으로 정체성을 규정하던 시대가 무너지고 있으며, 지식과 기술로 경쟁하던 시대에서 개인의 재능과 마음의 시대로 변화하고 있습니다. 이런 대전환의 시기에 우리는 무엇을 준비해야 하는가를 깊게 고민해야 할 때입니다.

AI로 인해 미래에는 초양극화가 발생할 것입니다. 이것은 추상적인 우려가 아닙니다. 맥킨지 글로벌 연구소는 "2030년까지 전 세계 일자리의 30%(약 4억 개)가 AI로 인해 영향을 받을 것"이라고 예측했고, 세계경제포럼은 2027년까지 8,300만 개의 일자리가 사라지는 반면, 6,900만 개만 새로 생길 것으로 전망했습니다. MIT 경제학자 다론 아세모글루는 "AI를 활용할 수 있는 고숙련 노동자의 임금은 상승하고, 그렇지 못한 저숙련 노동자의 임금은 정체되거나 하락할 것"이라고 경고합니다. 골드만삭스는 "생성형 AI가 전 세계 GDP의 7%(약 7조 달러)를 증가시킬 것"이라고 예측했지만, 이 혜택은 'AI를 활용하는 기업과 개인'에게만 돌아간다고 밝혔습니다.

준비한 사람과 준비하지 않은 사람의 격차가 상상할 수 없을 정도로 벌어질 것입니다. 자기를 이해하고 도구를 활용하는 사람은 혼자서도 거대한 가치를 만들어 낼 수 있게 될 것이고, 자기를 모르고 도구를 활용하지 못하는 사람은 일자리를 잃고 기본소득에 의존하는 무력감에 빠질 것입니다.

하지만 이 파도에 잘 올라타면 누구나 올라갈 수 있는 시기가 바로 지금입니다. 과거의 역사를 보면 이런 대전환의 시기에 기회를 잡는 사람들, 기업들이 반드시 있어 왔습니다. 산업혁명 때 공장을 세운 사람들, 인터넷 혁명 때 닷컴 기업을 만든 사람들, 모바일 혁명 때 앱을 만든 사람들, 그들은 모두 대전환의 파도를 탔습니다.

이제 개인의 시대입니다. 과거에는 자본이 있어야 했고, 팀이 있어야 했으며, 사무실이 있어야 했습니다. 하지만 지금은 다릅니다. 개인이 도구를 활용해서 과거 팀이 하던 일을 혼자 할 수 있게 됐습니다. 똑같은 출발선에 설 수 있게 된 것입니다.

너도나도 ChatGPT, Claude, Gemini, Grok 화면의 프롬프트를 사용합니다. 스마트폰과 PC 화면에는 기다란 네모 칸이 있습니다. 그 안에 질문을 입력하는 빈 공간이 있습니다. 이 공간은 모두에게 열려 있습니다. 부자나 가난한 사람이나, 학벌이 높은 사람이나 낮은 사람이나, 경력이 많은 사람이나 적은 사람이나, 서울에 사는 사람이나 시골에 사는 사람이나, 젊은 사람이나 나이 든 사람이나, 모두 같은 네모 칸 앞에 앉아 있습니다. 평등합니다. 똑같은 조건입니다.

차이는 무엇일까요. 단 하나입니다. '어떤 질문을 하느냐'입니다.

자기를 아는 사람은 명확한 질문을 합니다.
"나는 교육 콘텐츠를 만들고 싶어. 특히 아이들의 자기 이해를 돕는 콘텐츠야. AI야, 이런 콘텐츠를 어떻게 구성하면 좋을까? 어떤 형식이 효과적일까? 어떤 순서로 진행하면 좋을까?"
구체적입니다. 방향이 있습니다. AI는 이런 질문에 정확하게 답할 수 있습니다.

자기를 모르는 사람은 막연한 질문을 합니다.

"AI야, 나는 뭘 하면 돼? 돈 벌 수 있는 거 알려 줘. 나한테 맞는 직업이 뭐야?"

방향이 없습니다. AI가 아무리 똑똑해도 방향 없는 사람을 도울 수 없습니다. AI는 도구입니다. 방향을 설정하는 것은 인간이 해야 합니다.

이 네모 칸에 우리는 어떤 질문을 던질 것인가를 지금 준비해야 합니다. 그리고 그 질문을 만들어 내는 것은 자기 이해입니다. 내가 무엇을 좋아하는지, 무엇을 잘하는지, 무엇을 하고 싶은지 알아야 명확한 질문을 던질 수 있습니다.

AGI가 몇 년 안에 올 것이라고 합니다. ASI는 10년 이내일 수도 있습니다. 시간이 많지 않은 것은 사실입니다. 하지만 발전 속도가 빠르기 때문에 너무 느슨하게 생각해서도 안 되지만, 동시에 너무 조급해할 필요도 없습니다. 당장 퇴사해서 자신의 비즈니스를 준비하라는 게 아닙니다. 그건 무모합니다. 지금 하는 일은 할 수 있을 때까지 하면 됩니다. 생활은 안정되어야 합니다. 월급이 들어와야 하고, 생활비가 나가야 하며, 가족을 돌봐야 합니다. 그것은 당연한 것입니다.

하지만 지금 하는 일을 하는 동시에 자신을 이해하는 연습을 시작할 수 있습니다. 일을 하면서도 할 수 있습니다.

한 사람이 자기 이해를 시작하면 변화가 일어납니다. 마인드피티를 실천하면서 그 사람이 달라지기 시작하는 거지요. 주변 사람들이 그 변화를 봅니다. "저 사람 뭔가 달라졌네?" "어떻게 저렇게 편안해 보이지?" "나도 한번 해 볼까?" 이렇게 생각하게 되는 겁니다. 한 사람의 변화가 두 사람으로, 두 사람의 변화가 네 사람으로 퍼져 나가는 것입니다.

혼자가 아닙니다. 함께 가는 사람들이 있습니다.

네이버 카페 〈마인드피티〉를 통해 같은 길을 걷는 사람들이 자기 이해를 실천하고, 경험을 나누고, 서로 격려합니다. 누군가 어려움을 겪으면 응원해 주고, 누군가 성장하면 축하해 주며, 질문하면 함께 고민해 주는 사람들입니다.

오프라인 모임도 만들어질 것입니다. 지역별로, 관심사별로 모여서 함께 성장하는 것입니다. 서울에서, 부산에서, 대구에서, 광주에서, 작은 도시에서, 시골에서, 각자의 자리에서 모여서 자기 이해를 실천하고 나누는 것입니다. 온/오프라인 모임을 통해 같은 길을 걷는 사람들이 서로 돕는 것입니다. 혼자 가면 빠르지만, 함께 가면 멀리 갑니다.

이제 곧 자본주의 과도기가 지나 존재주의가 열어 갈 마음의 시대가 올 것입니다.

돈이 목적이 아니라 의미가 목적인 시대. 생산성으로 경쟁하는 것이 아니라 존재로 살아가는 시대. 지식과 기술로 평가받는 것이 아니라 자기 이해로 가치를 만드는 시대. 이 시대는 위기이면서 동시에 기회입니다.

세상이 빠르게 바뀔 것입니다.

하지만 두려워하지 않아도 됩니다.

지금 시작하면 다른 미래를 만들 수 있습니다.

Chapter Code : 존재주의가 여는 미래

- 마음의 시대
- 작은 공동체들의 연결
- 희망의 미래

존재주의가 열어 가는 마음의 시대,

그것은 우리 모두가 함께 만들어 가는 미래다.

낙타에서 사자를 지나
마침내 어린이가 되기까지

본문을 읽으시면서 삽화를 보셨을 겁니다.

낙타, 호랑이, 어린이.

눈치를 채신 분도 계시겠지만, 이 이상한 그림들은 단순한 장식이 아닙니다. 제가 의도적으로 심어 놓은 메타포입니다.

이 삽화들은 니체의 '인간 정신의 3단계 변화'를 표현한 것입니다. 니체는 인간의 정신이 세 단계로 변화한다고 말했습니다.

첫 번째 단계, 낙타.
낙타는 짐을 집니다. 사회가 부과한 의무, 타인의 기대, '해야 한다'

는 규범들을 짊어지고 사막을 걸어갑니다. 묵묵히, 성실하게, 불평 없이. 하지만 그것은 자신의 짐이 아닙니다. 남이 얹어 준 짐입니다.

두 번째 단계, 사자.

사자는 자유를 쟁취합니다. 기존의 가치에 '아니요'라고 외칩니다. 더 이상 남의 짐을 지지 않겠다고 선언합니다. 사자는 싸웁니다. 낡은 것들과, 억압과, 당연하다고 여겨졌던 것들과. 그리고 자유를 얻습니다.

하지만 사자에게도 한계가 있습니다. 주체적으로 살아가지만, 여전히 타인과의 관계에서 두려움이 생깁니다. "내 선택이 맞는 걸까?" "사람들이 나를 어떻게 볼까?" "혼자 가는 이 길이 외롭다." 자유를 얻었지만, 불편한 지점들이 발생하는 상태입니다. 그래서 더 높은 단계로 나아가야 합니다.

세 번째 단계, 어린이.

어린이는 순수합니다. 과거의 짐도, 기존의 가치도, 타인의 시선에 대한 두려움도 없습니다. 그저 "예"라고 긍정합니다. 삶을, 자신을, 존재를.

어린이는 높은 자존감을 가지고 있습니다. 누군가의 인정이 필요하지 않습니다. 자신이 존재한다는 사실만으로 충분히 가치 있습니다. 그리고 긍정적인 태도를 가지고 있습니다. 세상을, 사람들을, 가능성을 믿습니다.

더 중요한 것은 어린이가 있는 주변은 모두 행복해진다는 것입니다. 자신만 행복한 것이 아닙니다. 어린이의 순수함, 긍정, 높은 자존감은 주변 사람들을 모두 행복하게 하는 힘을 가지고 있습니다. 어린이는 새로운 것을 창조하고, 자신만의 가치를 만들고, 자신만의 길을 갑니다.

니체는 이것을 위버멘쉬, 초인이라고 불렀습니다. 저는 이것을 인간의 궁극적인 목적, 자아실현을 이룬 상태라고 해석합니다.

저는 니체라는 철학자를 잘 알지 못합니다.

그의 철학을 이해해 보려고 책도 읽고, 해설도 찾아봤지만, 제 지적 한계 때문에 너무 어려웠습니다. 아무리 읽어도 제 삶과 연결되지 않았고, 결국 계속 포기하게 되었지만 하나는 이해했습니다.

"어린이와 같은 높은 자존감을 가지고 긍정적으로 살아가라. 그리고 그 에너지로 주변을 행복하게 하라."

이 메시지만큼은 직관적이기에 큰 이해가 필요하지 않았습니다. 제 가슴 깊숙이 와닿아 참으로 공감되는 메시지였습니다.

그리고 이것이 제 콘텐츠와 정확히 일치했습니다.

마음을 이해하고, 자신을 사랑하고, 온전해지는 것. 그래서 주체적으로, 긍정적으로, 존재로서 살아가는 태도를 가져 그것이 주변 사람들에게도 긍정적인 영향을 미치는 것. 이것이 제가 말하고 싶었던 것이고, 니체가 말했던 것이기도 했습니다.

그래서 이런 메타포를 넣게 되었습니다.

어쩌면 우리 모두 김민수 씨와 같은 삶을 살아가는지도 모릅니다.

김 과장이라는 낙타에서 시작해서, 사자로 변화하고, 마침내 어린이가 되는 여정. 그의 이야기는 특별한 것이 아닙니다. 우리 모두의 이야기입니다. 자신의 마음을 이해하고 연습하면, 낙타와 같은 삶에서 벗어날 수 있습니다. 사자처럼 주체적인 삶을 가질 수 있습니다.

하지만 사자 단계에서 멈추지 마십시오. 주체적으로 살기 시작했지만, 여전히 타인의 시선이 두렵고, 혼자 가는 길이 외롭고, 불안한 순간들이 있을 것입니다. 그것은 자연스러운 과정입니다. 김민수 씨도 그랬습니다. 사자에서 멈추지 않고 계속 정진하면 자신을 더 깊이 이해하고, 더 깊이 사랑하고, 더 온전해질 수 있습니다. 그러면 어린이의 단계로 나아갈 수 있습니다.

이것은 철학자들만의 이야기가 아닙니다. 특별한 사람들만의 이야기도 아닙니다. 김민수 씨의 이야기이고, 우리 모두의 이야기입니다.

여태까지 돈이 우리의 눈을 가렸습니다.

우리가 주체적으로 살아가고 싶어도, 당장 눈앞의 돈이 시야를 흐리게 했습니다. 자기 삶의 방향을 제대로 잡을 수 없었습니다. 낙타로 살 수밖에 없었습니다.

하지만 이제 곧 AI는 우리를 돈으로부터 해방시킬 수도 있습니다.

그날이 머지않았다는 것이 제 의견입니다.

그렇게 되면 우리는 AI와 협업하여 보다 쉽게 사자를 넘어 어린이로 성장할 수 있습니다. 자신의 존재를 인식하고, 높은 자존감을 가지고, 긍정적으로 주체적인 삶을 살아갈 수 있게 됩니다. 그리고 그 과정에서 주변 사람들도 함께 행복해집니다.

저처럼 특이한 재능인 '마음 오타쿠'도 이제 밥을 먹고 사는 것을 넘어, 같은 생각을 가진 사람들과 연결되는 작은 공동체들이 많이 형성할 수 있습니다.

주체적으로 살아가는 사람들이 모인 작은 공동체들은 풀뿌리가 됩니다. 큰 조직이 사회를 움직이는 것이 아니라, 작은 조직들이 서로 연결되고 협업하며 집단 지성으로 새로운 사회를 만들어 가는 것입니다. 어린이들이 모여 만드는 사회, 높은 자존감과 긍정으로 가득한 사회, 서로를 행복하게 만드는 희망적인 사회가 곧 올 것이라고 믿고 있습니다.

자, 이런 상황에서 우리는 어떤 선택을 해야 할까요?

솔직히 말씀드리면 주체적인 삶을 산다는 것은 결코 쉽지 않습니다. 절실하고 적극적인 행동이라는 막중한 책임이 따라오기 때문입니다. 낙타로 사는 것이 더 편할 수도 있습니다. 남이 정해 준 길을 따라가면 되니까요. 실패해도 시스템 탓을 할 수 있으니까요.

하지만 주체적으로 산다는 것은 다릅니다. 자신의 선택에 책임을 져야 합니다. 자신의 몸과 마음을 끊임없이 성장시켜야 합니다. 때로는 힘들고, 외롭고, 불안합니다. 포기하고 싶을 때도 있습니다.

그럼에도 불구하고, 그 고생을 뛰어넘을 만큼 주체적인 삶이 주는 온전함의 경험은 그 가치가 충분합니다. 자신이 진정으로 원하는 것을 하는 삶. 자신의 존재를 긍정하는 삶. 주변 사람들을 행복하게 만드는 삶. 이것의 가치는 어떤 편안함과도 바꿀 수 없습니다.

마인드피티 공동체에서 여러분과 같이 함께하길 기원하며 글 마치겠습니다. 밥 먹듯 사랑합시다.

———— **마코** 드림

AI가 흔든 자본주의, 존재주의가 완성할 미래

1판 1쇄 발행 2026년 2월 27일
지은이 허경준

교정 신선미 **편집** 이승빈
펴낸곳 (주)하움출판사 **펴낸이** 문현광

이메일 haum1000@naver.com **홈페이지** haum.kr
블로그 blog.naver.com/haum1000 **인스타** @haum1007

ISBN 979-11-7374-323-8(03190)